Wilhelm · Edmüller

Überzeugen

Überzeugen

Die besten Strategien

Thomas Wilhelm
und
Andreas Edmüller

Haufe Mediengruppe
Freiburg · Berlin · München

Bibliografische Information Der Deutschen Bibliothek

Die Deutsche Bibliothek verzeichnet diese Publikation in der Deutschen Nationalbibliografie; detaillierte bibliografische Daten sind im Internet über http://dnb.ddb.de abrufbar.

ISBN 3–448–05218–3   Bestell-Nr. 00796–0001

© 2003 Rudolf Haufe Verlag GmbH & Co. KG, Niederlassung Planegg/München
Postanschrift: Postfach, 82142 Planegg
Hausanschrift: Fraunhoferstraße 5, 82152 Planegg
Tel. 0 89–8 95 17–0, Telefax 0 89–8 95 17–2 50
Internet: www.haufe.de
E-Mail: online@haufe.de
Lektorat: Stephan Kilian
Redaktion: Claudia Nöllke
Umschlaggestaltung: Witte, Salzgeber, 80336 München
Satz/Layout: AB multimedia GmbH, 85445 Oberding
Druck: Bosch-Druck GmbH, 84030 Ergolding

Zur Herstellung der Bücher wird nur alterungsbeständiges Papier verwendet.

Inhalt

Vorwort

Tarnkappen, der Stein der Weisen, Flugbesen, Drachen, das Perpetuum mobile, Superman, Zeitmaschinen und Wichtelmänner gehören ins Reich der Fabel, des Wunschdenkens und der Phantasie. Diese Dinge gibt es nicht. Genau das gilt auch für vermeintlich todsicher funktionierende Überzeugungstechniken. Es gibt sie nicht.

Warum dann ein Buch zum Thema Überzeugen? Die Antwort fällt leicht: Auch wenn es die absolut sichere Überzeugungsmethode nicht gibt, kann man seine Überzeugungskraft immer weiter verbessern. Durch Nachdenken, Ausprobieren, Beobachten, Auswerten der eigenen Erfahrung und erneutes Ausprobieren können wir ein immer besseres Gespür dafür entwickeln, wie andere Menschen überzeugt werden können.

Wir haben in diesem Buch sehr vieles, das beim Überzeugen eine wichtige Rolle spielt, zusammengetragen, geordnet und möglichst anschaulich und nachvollziehbar beschrieben. Unser Anspruch ist „bodennah" und praxisbezogen: Wir möchten Ihnen viele Anregungen, Ideen, Tipps und Hinweise bieten, mit denen Sie Ihre Überzeugungskraft verbessern können. Und die Arbeit mit unserem Buch soll Ihnen Spaß machen.

Freiherr von Knigge hat einmal gesagt: „Die Kunst des Umgangs mit Menschen besteht darin, sich geltend zu machen, ohne andere unerlaubt zurückzudrängen." Besser kann man nicht beschreiben, worauf es bei der Kunst des Überzeugens ankommt.

Wir wünschen Ihnen viel Freude mit unserem Buch!

Andreas Edmüller
Thomas Wilhelm

Die häufigsten Fehler beim Überzeugen

Sie wissen, wie spannend, knifflig, schwierig, unberechenbar, kräftezehrend und sogar nervenaufreibend es sein kann, jemanden von etwas zu überzeugen. Sie kennen das gute Gefühl, es geschafft zu haben: „Ja, du hast Recht!" – das hören wir alle sehr gern. Sie wissen auch, wie unheimlich schwer oder spielerisch leicht es oft fällt, sich den Argumenten des Gesprächspartners zu entziehen. Härteste Abwehrarbeit und elegantes Ins-Leere-laufen-Lassen – beide Extreme und alle Abstufungen dazwischen sind aus eigener Erfahrung bestens bekannt. Es kann übrigens sehr unterhaltsam und emotional befriedigend sein, Überzeugungsversuche des Gesprächspartners einfach abzublocken und keinen Millimeter vom eigenen Standpunkt abzuweichen („Richtig nett, wie er sich abmüht! – Herrje, da sehe ich ja schon die ersten Schweißperlen!"). Wir wissen auch, wie es ist, die eigene Meinung zu verändern, Argumente zu würdigen, neue Überzeugungen zu bilden und alte Meinungen abzulegen. Alle diese Erfahrungen umreißen den Themenkreis unseres Buches: Es geht um das Spiel des Überzeugens in der ganzen Vielfalt seiner Facetten.

In unseren Konfliktlösungs- und Verhandlungsseminaren starten wir häufig mit einem Experiment, bei dem den Teilnehmern schnell klar wird, dass es beim Überzeugen nicht nur auf Beharrlichkeit und Redegewandtheit ankommt.

Für unser Experiment teilen wir die Teilnehmer in Gruppen auf. Jede Gruppe bekommt die Aufgabe, sich in die Lage einer Familie zu versetzen, die gemeinsam in Urlaub fahren will. Die Herausforderung besteht darin, sich auf ein gemeinsames Urlaubsziel zu einigen.

Die Spielregeln: Es wird keine Einigung akzeptiert, bei der die Familienmitglieder ihren Urlaub an verschiedenen Orten verbringen. Sie dürfen den Einigungsprozess nicht zu einem Streit eskalieren lassen.

Jedes Familienmitglied erhält eine kurze Rollenbeschreibung, die seine Argumentation bestimmen soll. Folgende Rollen gibt es:

Vater: *Er möchte nach Garmisch fahren, weil er das Bergsteigen liebt.*

Mutter: *Sie schwärmt für Mallorca. Sie will am Strand liegen und die Sonne genießen.*

Sohn: *Er will zum Fischen nach Schottland.*

Tochter: *Sie bevorzugt Südfrankreich, denn sie fährt gern Rennrad und dort gibt es anspruchsvolle Fahrradstrecken.*

Großmutter: Sie möchte nach Holland, um Windmühlen zu malen.

ANFANGS IST MAN NOCH SACHLICH

Nachdem jeder seinen Urlaubswunsch vorgestellt hat, beginnt meist eine leidenschaftlich geführte Argumentationsphase. Jedes Familienmitglied versucht, die jeweils anderen Familienmitglieder für das eigene Urlaubsziel zu gewinnen. Dabei werden entweder Argumente für die eigene Position vorgebracht oder man versucht, die der anderen zu entkräften. Natürlich funktioniert das nicht so leicht, da jeder erst einmal Widerstand leistet und sein eigenes Ziel durchsetzen will.

SPÄTER WIRD ES UNFAIR

Erkennen die Familienmitglieder, dass sie durch rationales Argumentieren nicht weiterkommen und nur auf Widerstände bzw. Gegenargumente stoßen, greifen sie schnell und voller Einsatzfreude zu weniger freundlichen, manipulativen Methoden. Hier ist die Bandbreite groß: Es werden versteckte, manchmal auch offene Drohungen ausgesprochen (Eltern gegenüber den Kindern); man versucht, Mitleid zu heischen (Großmutter spricht davon, dass es ihr letzter Urlaub sein könnte); man schmiedet Koalitionen und versucht, einzelne Familienmitglieder zu isolieren usw. Kurz: Es dauert keine fünf Minuten in diesem Spiel, da begegnet uns die ganze Palette unfairer Beeinflussungsmethoden. Sicher, das Ganze ist nur ein Spiel. Aber eines, in dem die Teilnehmer wie in einem Spiegel ihr Kommunikationsverhalten im Alltag sehr präzise wiedererkennen. „Das ging ja zu wie im richtigen Leben!" ist der Grundtenor der kurzen Auswertungsphase.

… und bist du nicht willig, so brauch ich Gewalt!

Man kann niemanden zwingen, von etwas überzeugt zu sein. Diese Einsicht des gesunden Menschenverstandes wird oft nicht beherzigt. So mancher Zeitgenosse glaubt, andere nur lange, intensiv und ausdauernd genug mit Argumenten beharken zu müssen, um sie zu überzeugen. „Dir werde ich meine Meinung jetzt einfach einhämmern!" lautet hier das Motto. Andere wiederum warten darauf, dass ihnen das Superargument einfällt, dessen innewohnender Kraft sich ihr Gegenüber einfach beugen muss – ein Argument also, dem sich niemand, der einigermaßen vernünftig und guten Willens ist, verschließen kann. „Na warte, ich kriege dich noch – ob du willst oder nicht!" lautet ihr Schlachtruf.

Hinter diesen Vorgehensweisen stecken zwei unrealistische bzw. falsche Annahmen.

Erstens: Will man jemanden für die eigene Idee oder Position gewinnen, muss man ihn nur so lange gekonnt verbal bearbeiten, bis er diese übernimmt. Das ist falsch! Durch argumentatives Trommelfeuer gelingt es vielleicht, den Gesprächspartner momentan zu überreden und ihn durch Ermüdung entweder in die Scheinzustimmung oder die Abnutzungskapitulation zu treiben. Aber das alles heißt nicht, dass er überzeugt wurde. Es heißt eigentlich nur, dass er nicht mehr mag.

Zweitens: Wenn es ein gutes (oder vielleicht sogar ein optimales) Argument gibt, dann muss es derjenige, der damit konfrontiert wird, zwangsläufig akzeptieren. Der andere hat die bessere Qualität des eigenen Arguments unbedingt zu erkennen. Aber das ist leider falsch! Ein gutes Argument garantiert nicht automatisch, dass es vom Gegenüber auch akzeptiert wird. Wenn es so wäre, dann hätte Galileo Galilei mit Sicherheit ein ruhigeres Leben gehabt.

In Überzeugungssituationen lassen wir uns gern von dem Bild leiten, dass Überzeugen eine Tätigkeit sei, bei der man nur „die richtigen Knöpfe drücken" müsse. Viele meinen, der Erfolg dieser Handlung oder Tätigkeit hänge ganz von uns als Überzeuger ab. Es ist zwar richtig, dass man Überzeugen als eine Art Tätigkeit oder Handlung auffassen kann – die Sprachphilosophen reden hier von Sprechakten –, der Sprechakt des Überzeugens aber ist eine weitaus komplexere Handlung, als viele denken. Man vollzieht sie in der Kommunikation mit anderen Menschen. Solche Sprechakte sind:

- Informieren
- Warnen
- Versprechen
- Überzeugen
- Überreden

Wenn ich zum Beispiel sage: „Ich werde morgen sicher zur Party kommen", so vollziehe ich mit dieser Äußerung den Sprechakt des Versprechens. Ob ich den Sprechakt erfolgreich vollzogen habe, hängt dabei letztendlich ganz von mir und natürlich noch von einigen Konventionen ab, die bestimmen, was überhaupt als Versprechen gilt. Beim Sprechakt des Überzeugens verhält es sich dagegen anders. Wie ich diesen zu vollziehen habe, wird nicht durch Konventionen geregelt. Denn der Erfolg einer solchen Handlung hängt nicht nur von mir, sondern ganz wesentlich von meinem Gesprächspartner ab. Und den können die unterschiedlichsten Dinge überzeugen. Deshalb ist mit dem Überzeugen kein festes Bündel von Tätigkeiten verknüpft, die ich nur in einer bestimmten Reihenfolge ausführen muss, damit sich mein Gesprächspartner in meine Richtung bewegt. Allein schon aus diesen Überlegungen folgt, dass es sich beim Überzeugen nicht um ein sprachliches Standardverfahren mit Erfolgsgarantie handeln kann. Sie sollten trotzdem weiterlesen. Überzeugen ist nämlich auch kein reines Glücksspiel!

Der Erfolg guter Überzeugungsarbeit hängt eindeutig von der Reaktion meines Gesprächspartners ab. Und hier kommt eine unserer Grundthesen ins Spiel:

> Wenn man jemanden von etwas überzeugen möchte, hat man ihm stets Entscheidungsfreiheit zu lassen. Der Gesprächspartner muss sich aus freien Stücken dem neuen Standpunkt anschließen und ihn sich zu Eigen machen können.

Wenn sich jemand überzeugen lässt, entscheidet er sich also ganz bewusst für eine bestimmte Position. Was wir als Überzeuger dazu beitragen können, ist, ihn bei seiner Entscheidungsfindung kompetent zu unterstützen.

Ein bisschen Manipulation kann doch nicht schaden!

So mancher glaubt, besonders geschickt vorzugehen, wenn er sein Gegenüber manipuliert. Doch wenn zum Überzeugen die Entscheidungsfreiheit des anderen gehört, dann können wir Manipulation als Überzeugungsmethode nicht akzeptieren. Denn durch offenen oder versteckten manipulativen Druck wird die Entscheidungsfreiheit eingeschränkt. Überzeugen heißt gerade nicht, dass ich meinem Gesprächspartner so zusetze, dass er die Waffen streckt, die weiße Fahne schwenkt und ruft: „Ich ergebe mich!" Überzeugen heißt auch nicht, ihn auf raffinierte Weise so über den Tisch zu ziehen, dass er den gar nicht bemerkt oder ihn sogar für ein Bett aus Rosen hält. Überzeugen in unserem Sinne hat nichts mit „Schwitzkasten-Argumenten" oder Verführung zu tun. (Damit wollen wir natürlich nicht sagen, Letztere hätte keinen Platz im Leben …).

Es gibt zwei Gründe, aus denen wir manipulative Beeinflussungsmethoden ablehnen:

1. MANIPULATIONEN WIRKEN MEIST NUR KURZFRISTIG
Zuerst das handfeste und pragmatische Argument: Der Wirkungsgrad einer Manipulation im Alltag wird oft überschätzt. Heerscharen unzufriedener Kunden „pfiffiger" Superverkäufer sind nur ein Indiz dafür.

Beim manipulierten Gesprächspartner bleibt oft ein schaler Beigeschmack zurück, ein ungutes Gefühl im Bauch. Er fühlt ganz deutlich, dass er über den Tisch gezogen oder dass zumindest genau das versucht wurde – auch wenn er nicht konkret sagen kann, was mit ihm passiert ist. Das heißt, dass Manipulationen oft nicht so funktionieren, wie der Manipulator es sich gewünscht hatte. Wer an langfristigen, tragfähigen und guten Beziehungen interessiert ist, sollte also schon aus purer Klugheit Menschen nicht durch Manipulationsversuche verärgern, enttäuschen oder unterlegen zurücklassen.

2. MANIPULATIONEN SIND MORALISCH FRAGWÜRDIG

Und jetzt unser Hauptargument: Wer manipuliert, nutzt Schwachpunkte seines Gesprächspartners aus, um ihn zu etwas zu bewegen, das er freiwillig wahrscheinlich nicht tun würde. Das ist in vielen Situationen (ja, die berühmten Ausnahmen gibt es auch hier) unmoralisch und deshalb inakzeptabel.

Wir unterschätzen den Faktor Trägheit

Überzeugen heißt also für uns: Jemand entscheidet sich dafür, eine Meinung, einen Standpunkt, einen Vorschlag zu akzeptieren. Warum genügt es dann nicht einfach, ein paar gute Argumente parat zu haben, sie bei unserem Gesprächspartner abzuliefern und ihm dann Entscheidungsfreiheit zu lassen? Ganz einfach: Das genügt nicht, weil beim Überzeugen gleichzeitig immer eine bestimmte Form der Trägheit berücksichtigt werden muss.

Stellen wir uns den Prozess des Überzeugens einmal bildlich vor: Nehmen wir an, dass die Summe unserer Überzeugungen oder Meinungen, die wir zu einem bestimmten Zeitpunkt akzeptieren, eine Art Netz oder Gewebe bildet. Wenn wir eine neue Meinung akzeptieren, fügen wir dem Netz einen neuen Faden hinzu. Das kann freilich bedeuten, dass wir eine andere Meinung, also einen alten Faden, aus unserem Überzeugungsnetz entfernen müssen. Vielleicht haben wir geglaubt, dass sich die japanische Wirtschaft im nächsten Jahr wieder erholen und ein positives Wachstum aufweisen wird. Aber ein Gespräch mit einem Experten überzeugt uns davon, dass dies unwahr-

scheinlich ist. So haben wir in unserem Meinungsnetz eine Meinung durch eine andere ersetzt.

Jemanden von etwas zu überzeugen hat also die Konsequenz, dass er sein Meinungsnetz umbauen und vielleicht einige seiner Meinungen entfernen muss. Gerade das fällt uns allen – die Autoren eingeschlossen – sehr schwer! Unsere Meinungen, Überzeugungen und Standpunkte weisen ein gewisses Trägheitsmoment auf. Dieses zu überwinden ist nicht immer einfach und erfordert eine Vielzahl an Methoden. Selbst wenn wir „eigentlich eindeutig" widerlegt werden, geben wir unsere Meinungen, wenn sie tief im Zentrum unseres Überzeugungsgewebes verankert sind, nicht sofort auf.

Bleiben wir bei unserem Bild des Meinungs- und Überzeugungsnetzes. Wir stellen uns vor, dass es ein Zentrum und eine Peripherie hat. Tief verwurzelte Überzeugungen sind im Zentrum angesiedelt, flüchtige Meinungen an der Peripherie. Zu den Überzeugungen, die tief im Zentrum stehen, gehören bestimmte mathematische Aussagen (2 + 2 = 4) oder auch die Tatsache, dass die Erde sich um die Sonne dreht. Im Zentrum finden wir auch Meinungen, die mit der persönlichen Biographie der Menschen zu tun haben, tiefe Annahmen, die sich im Laufe eines Lebens zum Kern des eigenen Welt-Menschen-Bildes verdichtet haben. Dazu könnten etwa die Annahmen gehören, dass Menschen im Grunde nicht lernfähig seien oder Freiheit das Wichtigste im Leben sei. An der Peripherie finden wir vielleicht Meinungen wie diese: Morgen wird es regnen, der Gegenstand vor mir ist aus Plastik usw.

Diese Struktur unserer Meinungen und Überzeugungen führt manchmal dazu, dass wir erst einmal die Richtigkeit neuer Informationen bezweifeln, ehe wir fest verankerte Meinungen lösen und entfernen: Sind die Daten wirklich korrekt oder haben wir bei der Datensammlung einen Fehler gemacht? Ist unsere Beobachtung wirklich in Ordnung oder haben wir uns getäuscht? Die Überzeugungen im Zentrum unseres Überzeugungsgewebes können im Konfliktfall beharrlicher sein als die am Rande. Oft vertrauen wir selbst dann noch auf unsere Überzeugungen, wenn uns Erfahrungen gezeigt haben, dass sie falsch sind.

Ein Beispiel für diese Beharrlichkeit kennen wir alle: Obwohl vieles für die Unehrlichkeit eines uns bekannten Menschen spricht, dauert es manchmal sehr lange, bis wir unser Bild von ihm ändern. Gerade in solchen Fällen versuchen wir mitunter äußerst hartnäckig, die Tatsachen, also bestimmte Vorfälle, Hinweise von Freunden und Bekannten, eigene Beobachtungen usw. zu ignorieren, „wegzuerklären", umzudeuten, zu verdrängen, zu beschönigen oder zu verharmlosen. Sonst müssten wir ja unsere Grundeinschätzung dieses Menschen, die für uns vielleicht eine sehr wichtige Rolle im Leben spielt, ändern. Damit wollen wir nicht sagen, diese Trägheitstendenz sei zu bedauern oder zu verdammen – wir möchten nur bewusst machen, dass wir im Rahmen der Überzeugungsarbeit mit ihr rechnen müssen.

Manchmal sind wir von der Richtigkeit einer Meinung sogar so stark überzeugt, dass wir nur noch nach Gründen für ihre Richtigkeit suchen. Gegenargumente werden ignoriert oder weggeschoben. Wir suchen so lange, bis wir eine Bestätigung unserer Meinung gefunden haben. Wir sitzen dann in der so genannten Bestätigungsfalle.

Dass wir oft nach der nachträglichen Rechtfertigung unserer Meinungen suchen, ist ein ganz normales Alltagsphänomen. Manche unserer Kaufentscheidungen rationalisieren wir im Nachhinein und überzeugen uns so selbst davon, dass der Kauf absolut vernünftig war. Und wenn ich ein kompaktes Feindbild habe, dann suche ich mit Sicherheit nicht nach Indizien dafür, dass der andere vielleicht auch gute Seiten oder edle Motive hat. Ein Überzeuger hat es nicht leicht mit einer Person, die in der Bestätigungsfalle sitzt und keine Gründe gelten lässt, die der eigenen Meinung widersprechen.

Schließlich gibt es noch eine Ursache, warum unsere Überzeugungen ein starkes Maß an Beharrlichkeit zeigen und es für den Überzeuger schwierig sein kann, das Meinungsnetz des Adressaten zu beeinflussen. Die Ursache liegt in dem zwar irrationalen, aber nicht selten umso stärkeren Wunsch, dass die Meinung, die man akzeptiert hat, einfach richtig sein soll. Dieses Wunschdenken als Überzeugungshindernis kennen wir ebenfalls alle: Erinnern Sie sich nur einmal an politische Grundsatzdebatten in Ihrem Bekanntenkreis.

Wenn man jemanden von etwas überzeugen möchte, sollte man also damit rechnen, dass das Überzeugungsgewebe des Gesprächspartners ein beachtliches Trägheitsmoment aufweist. Die Überzeugungsarbeit muss deshalb genügend Kraft entwickeln, um dieser Trägheit entgegenzuwirken. Je weiter eine Meinung im Zentrum unseres Überzeugungsgewebes steht, desto weniger leicht wird sie in der Regel aufgegeben, desto beharrlicher hält man an ihr fest. Wir merken dies am Widerstand, der uns entgegengebracht wird. Dabei müssen wir außerdem im Auge behalten, dass dieses Trägheitsmoment und dieser Widerstand häufig nicht nur rationale Gründe haben. Oft lehnt man eine Meinung aus ganz anderen als rationalen Gründen ab.

So bereiten Sie sich richtig vor

Einen Fehler sollten Sie auf keinen Fall begehen: sich unvorbereitet in die Überzeugungsarbeit stürzen. Wer seinen Gesprächspartner, seine Interessen und Ziele im Vorfeld nicht unter die Lupe genommen hat und nicht weiß, worauf er während des Argumentierens achten muss, darf sich nicht wundern, wenn er sein Ziel nicht erreicht. Eine sorgfältige Vorbereitung und Einstimmung stellt sicher, dass Sie stets souverän und zielgerichtet agieren.

Bevor wir Ihnen nun konkrete Argumentationsstrategien vorstellen, erinnern wir an ein paar grundlegende Dinge. Wir liefern Tipps, wie Sie sich auf die Menschen, die Sie überzeugen möchten, richtig einstellen. Wir beschäftigen uns mit der Frage, was Ihre Überzeugungskraft ausmacht. Und natürlich müssen Sie wissen, wodurch sich Argumente überhaupt auszeichnen und welche am meisten Erfolg versprechen.

Die Adressatenanalyse: Mit wem haben Sie es zu tun?

Nur wer seinen Gesprächspartner und dessen Einstellung kennt, kann seine Strategie auf ihn ausrichten. Deshalb führen Sie als Erstes eine *Adressatenanalyse* durch.

> Unter einem Adressaten verstehen wir die Person bzw. Personengruppe, die von etwas überzeugt werden soll.

Der Begriff des Überzeugers hat sich ja bereits stillschweigend eingeschlichen. Dabei handelt es sich um die Person, die jemanden von etwas überzeugen möchte. Der Begriff ist vielleicht nicht sonderlich elegant, aber er hilft uns, eine wichtige Person in Überzeugungssituationen mit einem Wort zu identifizieren.

ARGUMENTE MÜSSEN MAßGESCHNEIDERT SEIN

Die Wahrscheinlichkeit, dass der Adressat Ihren Standpunkt akzeptiert, wird größer, wenn Sie Gründe liefern können, die ihm akzeptabel erscheinen. Hier kommt ein subjektives Element ins Spiel: Was dem Adressaten akzeptabel erscheint, muss nämlich nicht objektiv wahr sein. Es kann durchaus sein, dass ihn ein Argument überzeugt, das zwar auf falschen, aber für ihn plausiblen Gründen beruht. Vielleicht passt die Begründung einfach gut in sein bisheriges Meinungsnetz.

Man muss also Wahrheit von Akzeptanz trennen. Da drängt sich natürlich die Frage auf, ob man bei seiner Argumentation der Akzeptanz den Vorrang gegenüber der Wahrheit geben sollte. Anders ausgedrückt: Ist es besser, solche Begründungen zu benutzen, die eher auf Akzeptanz als auf Wahrheit zielen (wobei immer noch zu klären wäre, was eigentlich genau unter Wahrheit zu verstehen ist …)? Wir werden später noch auf diese Frage zurückkommen.

BETRACHTEN SIE DIE WELT AUS EINER ANDEREN PERSPEKTIVE

Unabhängig von Fragen der objektiven Wahrheit erhöhen Sie die Akzeptanz auf jeden Fall, indem Sie eine saubere Adressatenanalyse durchführen. Sie hilft Ihnen, Ihre Argumentation auf Ihren Gesprächspartner abzustimmen. Sie unterstützt Sie dabei, die Welt mit seinen Augen zu sehen. Wenn Sie Ihre Argumentation nicht auf den Adressaten abstimmen, werden Sie in den seltensten Fällen überzeugend argumentieren können.

BEISPIEL

Steffi möchte sich ein neues Auto kaufen. Und für Steffi muss ein Auto vor allem sportlich und rasant sein. Wenn ich Steffi nun vom Fahrzeug X überzeugen möchte, weil es einen geräumigen Kofferraum hat, sparsam im Unterhalt und im Verbrauch ist und einen gutmütigen Charakter im Fahrverhalten besitzt, dann werde ich vermutlich an ihr vorbeireden. Ich werde sie mit meinen Argumenten einfach nicht erreichen. Da kann meine Begründung noch so richtig und für mich überzeugend sein.

Argumentationssituationen haben hier eine gewisse Ähnlichkeit mit Entscheidungssituationen. Auch hier gibt es zwei Aspekte: Richtigkeit und Akzeptanz.

Eine Entscheidung kann zwar angesichts der objektiven Tatsachen richtig sein, muss aber von den Betroffenen nicht zwangsläufig akzeptiert werden. Dann ist sie oft wertlos, weil sie nicht in die Tat umgesetzt wird. Auch bei Entscheidungen muss man also an die Akzeptanz denken – vor allem dann, wenn andere Menschen davon betroffen sind.

Wichtige Fragen für die Adressatenanalyse
- Wer ist mein Adressat?
- Was ist dem Adressaten wichtig? Welche Anliegen (Interessen, Wünsche, Hoffnungen, Befürchtungen, Ängste, Abneigungen usw.) hat er?
- Welche Meinungen (Vorurteile, Vorwissen, Fachwissen, Ansichten, Überzeugungen, Irrtümer usw.) hat der Adressat zum Thema?
- Welche Einwände könnte er bringen?

Diese Liste ist natürlich nicht als vollständig zu betrachten. Sie können sie jederzeit um zusätzliche Fragen erweitern, die Ihnen wichtig und sinnvoll erscheinen. Entscheidend ist, dass Sie versuchen, möglichst genau herauszufinden, worauf es dem Adressaten ankommt.

Manchmal kenne ich den Adressaten persönlich, dann weiß ich in der Regel, welche Antworten ich auf diese Fragen geben muss. Häufig weiß ich, welche Rolle der Adressat innehat (Arzt im Krankenhaus, Geschäftsführer, Student …), und kann aus der Betrachtung seiner Rolle heraus Antworten auf diese Fragen finden. Aber manchmal bleibt mir nichts anderes übrig, als im Gespräch einfach danach zu fragen. Im Vorfeld unserer Seminare führen wir übrigens immer auch eine ausführliche Adressatenanalyse durch. Dabei befragen wir die Teilnehmer des Seminars direkt nach ihren Wünschen, Vorerfahrungen und

Interessen. So finden wir die Themenschwerpunkte heraus, die dann im Seminar bearbeitet werden.

Die Anliegen des Adressaten spielen bei der Adressatenanalyse eine entscheidende Rolle. Sie liefern zum Beispiel den Ankerpunkt für eine präzise Nutzenargumentation, also eine Argumentation, die dem Adressaten aufzeigt, welcher Nutzen für ihn entsteht, wenn er Ihren Standpunkt (Vorschlag, Idee usw.) akzeptiert. Wir werden diese Art der Argumentation später noch etwas genauer kennen lernen.

Dass eine Adressatenanalyse unverzichtbar ist, zeigen die folgenden Beispiele.

BEISPIEL

Jürgen ist Geschäftsführer in einer Klinik. Er möchte seine leitenden Mitarbeiter (Ärzte usw.) für ein Führungskräftetraining gewinnen. Der Geschäftsführer denkt über seine Adressaten nach. Er weiß, dass Widerstand vor allem von den Ärzten kommen wird, die sich weniger als Führungskräfte denn als Ärzte sehen. Ihm ist klar, dass der Adressat sehr standesbewusst ist, schon allein aufgrund seiner Ausbildung. Deshalb lädt er einen hochkarätigen Berater einer internationalen Management-Schule ein, um eine Anfangsveranstaltung durchzuführen.

BEISPIEL

Klaus arbeitet in einem multinationalen Pharmaunternehmen. Auf der nächsten Konferenz werden sowohl Franzosen, Japaner als auch Amerikaner anwesend sein. Es ist wichtig, dass er seinen Vorschlag durchbringt, damit sein Team am bestehenden Projekt weiterarbeiten kann. Er bereitet sich gezielt auf die kulturellen Aspekte von Präsentationen vor und bereitet sein Material entsprechend auf. So weiß er zum Beispiel, dass die Japaner sehr viel Wert darauf legen, wirklich alle Informationen zu erhalten – und zwar in sehr detaillierter und schriftlicher Form. Speziell für die Japaner entwirft er also eine gesonderte Informationsmappe.

Erfolgreichen Überzeugern gelingt es, sich in die Weltsicht der Adressaten hineinzudenken. Jay Conger beschreibt in seinem Buch „Winning 'em over" ein paar nützliche Übungen, die Ihnen helfen werden, eine Adressatenanalyse durchzuführen.

ÜBUNG I

Stellen wir uns eine überschaubare Überzeugungssituation mit einer begrenzten Teilnehmerzahl vor – zum Beispiel ein Meeting. Fertigen Sie eine Liste mit den Namen aller Personen an, die an der Sitzung teilnehmen werden.

Nehmen Sie sich die erste Person vor: Überlegen Sie genau, welche Rolle (Job) sie im Unternehmen ausfüllt und welche Interessen sie qua Rolle vertreten wird. Stellen Sie sich vor, welche Fragen und Gedanken sie bewegen werden, wenn Sie sie mit Ihrer Argumentation konfrontieren. Listen Sie alle Punkte auf, die ihr wichtig sind und Anknüpfungspunkte für eine Nutzenargumentation sein können. Fertigen Sie eine solche Liste für jede Person an. Überlegen Sie, wo es eine gemeinsame Schnittmenge gibt. Benennen Sie aber auch die Unterschiede, damit Sie differenziert argumentieren können.

Übung II

Stellen Sie zwei Stühle einander gegenüber. Stellen Sie sich vor, Ihr Adressat säße Ihnen gegenüber. Sprechen Sie nun zu dieser imaginären Person und erläutern Sie das positive Ergebnis, den Nutzen, der sich aus Ihrem Vorschlag ergibt. Schreiben Sie diese Nutzenaspekte, während Sie sprechen, auf.

Danach setzen Sie sich auf den anderen Stuhl und nehmen den Platz Ihres imaginären Adressaten ein. Nun sprechen Sie aus seiner Perspektive. Aus seinem Blickwinkel beschreiben Sie die Vorteile und Nachteile, die Ihr Vorschlag für ihn hat. Welcher (persönliche) Vorteil entsteht für ihn? Halten Sie auch diese Aspekte wieder schriftlich fest. Wenn Sie Ihren imaginären Dialog beendet haben, vergleichen Sie die beiden Listen, die Sie angefertigt haben. Sie suchen nach Aspekten, die sich auf der Vorteilsseite überschneiden. Gibt es eine klare gemeinsame Basis, auf der Ihre Argumentation aufgebaut werden kann?

Vielleicht stellen Sie zum Beispiel fest, dass für Sie beide wichtig ist, das Wachstum des Unternehmens überschaubar zu halten, die Kosten unter Kontrolle zu haben und den Vertrieb weiter auszubauen, um sich neue Märkte zu erschließen. Ihre Argumentation sollte dann um diese Themengebiete kreisen.

Überlegen Sie auch, wie Sie mit den Nachteilen umgehen werden, die Ihnen Ihr imaginärer Adressat genannt hat.

WIE VIEL WAHRHEIT MUSS SEIN?

Wir möchten an dieser Stelle eine wichtige Frage aufgreifen, die oft mit uns diskutiert wird. Sie lautet: Soll ich meine Argumentation immer nur nach dem Adressaten ausrichten? Immer nur auf die Gründe, die er akzeptieren könnte? Oder ist es nicht auch wichtig, auf Dinge Bezug zu nehmen, die einfach wahr und objektiv richtig sind – egal, was der Adressat glaubt oder was ihm wichtig ist?

In vielen Fällen gibt es natürlich einfach sachlich richtige Begründungen und Argumente, die vom Adressaten möglicherweise nicht auf Anhieb akzeptiert werden. Ich als Überzeuger erkenne sie aber als sachlich richtig und vertrete sie deshalb in meiner Argumentation. Hier erscheint es uns wichtig und richtig, klar, offen und kompetent für den eigenen Standpunkt und die eigene Argumentation einzutreten. Glaubwürdigkeit und Authentizität werden auch vom Adressaten honoriert. Vielleicht enthält meine Argumentation neue Aspekte, an die der Adressat vorher überhaupt nicht gedacht hat. Meine Argumentation kann also durchaus einen Lernprozess in Gang setzen. Deshalb: Mut zur eigenen Meinung – man muss sie ja nicht wie eine Dampfwalze einsetzen!

Akzeptanz bildet – bildlich gesprochen – die Brücke, über die wir unsere Argumente zum Adressaten schicken können. Ohne diese Brücke werden ihn selbst die besten Argumente nicht erreichen. Deshalb gilt es, eine solide Verankerung der Brücke am Adressatenufer herzustellen. Das beste Fundament dafür liefern seine realen Anliegen und bereits bestehenden Überzeugungen. Kurz: Wir plädieren dafür, die eigene Argumentation ehrlich, offen und so gut wie ohne Manipulation, Schwindeleien und Unehrlichkeiten möglich an den Anliegen des Adressaten auszurichten. Uns ist natürlich vollkommen klar, dass das nicht immer funktioniert und Adressaten oft nicht überzeugt werden können. Alles, was wir als Überzeuger tun können, ist, den Spielraum für ehrliche Überzeugungsarbeit kompetent auszuschöpfen und uns darüber zu freuen, dass Menschen letzten Endes nicht berechenbar sind wie Maschinen. Sonst wäre es ja langweilig!

Die vier Komponenten der Überzeugungskraft

Überzeugen kann man nur in einer Atmosphäre des Vertrauens und der Glaubwürdigkeit. Zur Glaubwürdigkeit gehören Klarheit und Sinnstiftung, also die Fähigkeit, sich präzise und klar auszudrücken, Sachverhalte zu erklären, Aussagen zu begründen und sie somit in einen größeren Kontext zu stellen.

Für den Vertrauensaufbau sind Verstehen und die eigene Offenheit wichtig. Vertrauen kann nur wachsen, wenn ich auf meinen Adressaten eingehe, wenn ich versuche, sein Denken und Empfinden nachzuvollziehen, und wenn ich andererseits offen meine eigenen Anliegen ausspreche.

Die Kunst zu überzeugen sehen wir eingebettet in ein umfassenderes Bild der Kommunikation. Stellen Sie sich einen Kompass vor, einen Kommunikationskompass sozusagen. Der Kompass kann in vier Hauptrichtungen zeigen, die wesentliche Bestandteile einer guten Kommunikation darstellen. Dieser kleine Kommunikationskompass bildet den allgemeineren Rahmen für die Überzeugungsstrategien, die wir Ihnen in diesem Buch vorstellen wollen.

1. KLARHEIT
Klarheit beinhaltet die Fähigkeit, sich präzise, prägnant und verständlich auszudrücken. Im Idealfall spreche ich nicht nur so, dass ich ver-

standen werde, sondern so, dass ich nicht missverstanden werde. Das impliziert, dass ich auf eine bestimmte Art und Weise verstanden werden möchte.

2. VERSTEHEN
Verstehen bedeutet die Fähigkeit, sich in die Situation und die Weltsicht des Adressaten hineinzuversetzen. Verstehen heißt, sich „einzufühlen" und die Dinge von seiner Warte aus zu betrachten. Hier muss ich herausfinden, was dem Adressaten wirklich wichtig ist, worum es ihm eigentlich geht.

3. SINNSTIFTUNG
Sinnstiftung beinhaltet die Fähigkeit, Dinge zu erklären oder zu begründen, also Sinn zu stiften. Das bedeutet, Sachverhalte in einen größeren Zusammenhang stellen zu können und klar zu machen, welchen Sinn und Zweck sie haben. Sinnstiftung meint die Fähigkeit, einen Erklärungsrahmen zu bieten und ein Gesamtbild zu malen.

4. OFFENHEIT
Darunter verstehen wir die Fähigkeit (ja, das ist eine Fähigkeit, nicht jeder kann es!), die eigenen Anliegen (Interessen, Befürchtungen, Wünsche usw.) offen zu äußern. Es geht darum, ehrlich, echt und authentisch zu sein.

Im Zentrum dieses Kommunikationskompasses stehen zwei entscheidende Werte: Vertrauen und Glaubwürdigkeit. Aus diesen beiden Werten lassen sich im Grunde alle Elemente einer guten Kommunikation ableiten.

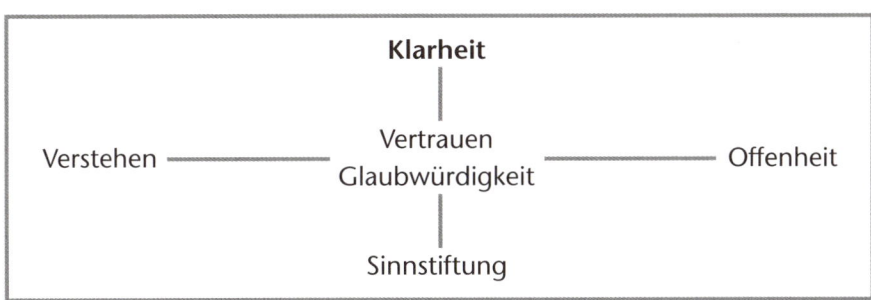

Was ist eigentlich ein Argument?

Wir haben bereits in unserem Buch „Argumentieren" erklärt, wie Argumente aufgebaut sind bzw. welche logische Struktur sie haben. Deshalb werden wir uns an dieser Stelle kurz fassen (und uns darauf verlassen, dass Sie bei nächster Gelegenheit unser Buch kaufen).

Rein formal betrachtet und vom Inhalt abgesehen, ist ein Argument einfach eine Gruppe von Aussagen, die in einer Begründungsbeziehung zueinander stehen. Das heißt: In einem Argument werden Gründe für eine Meinung, Behauptung oder Überzeugung geliefert.

JEDES ARGUMENT BESTEHT AUS ZWEI ZENTRALEN BAUSTEINEN:
- dem Standpunkt (Meinung, Behauptung), der begründet werden soll;
- den Gründen, die benutzt werden, um den Standpunkt zu stützen.

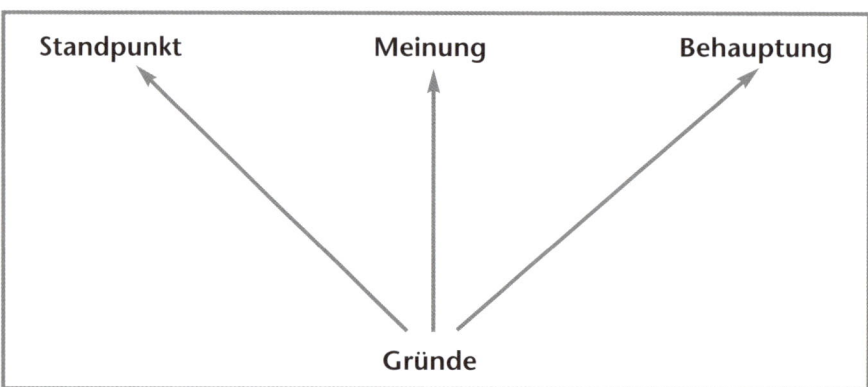

BEISPIEL

Max, der Vertriebsleiter des Pharmaherstellers Biolan, argumentiert bei einer Besprechung mit seinen Mitarbeitern: „Wir müssen etwas tun, um unser Umsatzziel zu erreichen. Denn die Zahlen der letzten Monate zeigen, dass wir 20 Prozent unter unserem Soll liegen."

Max' **Standpunkt** ist: Wir müssen etwas tun, um unser Umsatzziel zu erreichen.

Der Grund dafür: Die Zahlen der letzten Monate zeigen, dass wir 20 Prozent unter unserem Umsatzziel liegen.

BEISPIEL

Klaus unterhält sich mit seinem Freund Ralf über Rechte und Pflichten, die man in seinem Leben hat. Klaus argumentiert, dass ein Zusammenhang zwischen Rechten und Pflichten besteht.

„Ich glaube, wenn eine Person Rechte hat, haben andere Personen automatisch Pflichten. Denn ein Recht kann nur verwirklicht werden, wenn andere Personen diese Rechte achten. Und ein Recht zu achten heißt einfach, die Pflicht zu haben, dieses Recht nicht zu verletzen. Wenn A zum Beispiel ein Recht auf Leben hat, dann haben die anderen Personen die Pflicht, A nicht zu töten."

Der **Standpunkt** von Klaus: Die Rechte einer Person bedingen automatisch Pflichten der anderen Personen.

Seine **Gründe:**

Ein Recht kann nur verwirklicht werden, wenn andere dieses Recht achten. Ein Recht zu achten bedeutet, die Pflicht zu haben, dieses Recht nicht zu verletzen.

Zum Schluss illustriert Klaus diese Argumentation durch ein Beispiel. Wir haben es hier mit einem Standpunkt zu tun, der durch zwei Gründe gestützt wird.

Was ist eigentlich ein Schluss?

Das Interessante bei Argumenten ist, dass man sie auch umdrehen kann. Dann spricht man nicht mehr von Begründungen, sondern von Schlüssen. Ein Schluss ist nichts anderes als eine umgekehrte Begründung.

BEISPIEL
Max: „Die Zahlen der letzten Monate zeigen, dass wir 20 Prozent unter unserem Umsatzziel liegen. Daher müssen wir etwas tun, um unser Umsatzziel zu erreichen."

In einem Schluss wird der Grund zuerst genannt und erst dann wird daraus eine Schlussfolgerung gezogen – die eigentliche Behauptung.

Ein Argument kann also in zwei Richtungen laufen. Wir benötigen Argumente nicht nur, um Meinungen oder Standpunkte zu begründen, sondern auch dann, wenn wir Schlussfolgerungen ziehen. Um Schlussfolgerungen handelt es sich zum Beispiel, wenn wir über die möglichen Konsequenzen alternativer Entscheidungen nachdenken.

Auch die Argumentation von Klaus kann man als einen Schluss rekonstruieren.

BEISPIEL
Klaus: „Ein Recht kann nur verwirklicht werden, wenn andere dieses Recht achten. Ein Recht zu achten bedeutet, die Pflicht zu haben, es nicht zu verletzen. Daher bedingen Rechte automatisch immer Pflichten."

Auch ein Schluss ist also ein Argument. Nur beginnt im Falle eines Schlusses der Gedankengang nicht bei der zentralen Behauptung, die im weiteren Verlauf des Arguments begründet wird, sondern bei Annahmen (Aussagen), aus denen die zentrale Behauptung als Schlussfolgerung abgeleitet wird.

Wenn wir im Folgenden hauptsächlich von Begründungen sprechen, dann beziehen wir automatisch auch immer ihre Umkehrungen (nämlich Schlüsse) mit ein.

Welche Argumente sind die besten?

Tja, wenn wir das wüssten … Aber ein paar brauchbare Tipps haben wir für Sie. Da es uns hier nicht um die rein logische Betrachtung von Argumenten, sondern um Überzeugungssituationen geht, können wir den Erfolg eines Arguments an seiner *Überzeugungskraft* messen. Worin besteht die Überzeugungskraft eines Arguments? Am besten gibt man eine Antwort auf diese Frage, indem man betrachtet, wann ein Argument fehlschlagen kann. Zwei Aspekte lassen sich unterscheiden:

Erstens: Ein oder mehrere im Argument genannte Gründe sind falsch oder inakzeptabel. Das Argument wird dann vom Adressaten zurückgewiesen, weil die Gründe als falsch oder nicht akzeptabel erkannt werden.

Zweitens: Die Gründe, obwohl wahr oder akzeptabel, stehen nicht in der richtigen Begründungsbeziehung zur zentralen Behauptung. Das heißt, es handelt sich nur um vermeintliche Gründe, um Scheingründe. In diesem Fall ist das Argument logisch nicht korrekt.

Der häufigste Fall in Überzeugungssituationen ist der, dass eine Argumentation zurückgewiesen wird, weil die Begründung vom Adressaten nicht akzeptiert wird. Dass jemand auf logische Inkorrektheit hinweist, ist dabei eher selten, weil in der Regel beim Austausch von Argumenten die Zeit fehlt, um ein Argument auf seine logische Stichhaltigkeit hin zu überprüfen. Die Überzeugungskraft richtet sich im Alltag daher am häufigsten nach der Akzeptanz der Gründe. Die Erfahrung legt folgende Faustregel nahe:

> Je akzeptabler die Gründe, desto stärker die Überzeugungskraft.

Wir werden Ihnen auf den folgenden Seiten verschiedene klassische Begründungsstrategien vorstellen. Die Erfahrung zeigt, dass man damit seine Chancen auf Akzeptanz beim Adressaten und somit die eigene Überzeugungskraft erhöhen kann.

Was Sie über Pull- und Push-Methoden wissen sollten

Wer andere überzeugen will, kann die richtige Mischung aus Push- und Pull-Methoden nutzen. Was ist damit gemeint?

> *Unter Push-Methoden verstehen wir all jene Methoden, bei denen der Überzeuger aktiv seinen Standpunkt untermauert, um den Gesprächspartner zu überzeugen. Das können Argumentations- oder auch Präsentationsstrategien sein. Push-Methoden sind somit ziemlich offensiv.*

> *Bei Pull-Methoden entwickeln und durchlaufen Überzeuger und Adressat gemeinsam einen Denkprozess. Beide treten, bildlich gesprochen, eine gemeinsame Entdeckungsreise an. Am Ende dieser Reise erkennt der Adressat, dass eine bestimmte Behauptung, die seinen eigenen Annahmen vielleicht widerspricht oder die er bisher einfach nicht geglaubt hat, möglicherweise richtig ist.*

Auf dieser Entdeckungsreise müssen Sie den Gesprächspartner aktiv mit einbeziehen. Es kann dabei von entscheidender Bedeutung sein, die Anliegen Ihres Gesprächspartners gezielt herauszuarbeiten. Sie müssen sich dazu in ihn hineinversetzen. Ihre Überzeugungsstrategie enthält dann eine Reihe eher behutsamer Elemente, auf die wir später noch zu sprechen kommen.

Die Notwendigkeit von Pull-Strategien führt uns zu einer weiteren Erkenntnis, die mit dem Überzeugen verbunden ist:

> Wer überzeugen möchte, muss selbst bereit sein, sich überzeugen zu lassen, sich selbst zu verändern und zu bewegen.

Überzeugen ist ein wechselseitiger Prozess. Dabei lernt nicht nur mein Gesprächspartner etwas, sondern auch ich als Überzeuger. Durch das Gespräch erfahre ich Dinge, an die ich vorher vielleicht nicht gedacht habe. Ich gewinne eine neue Sicht auf die Welt, die ich in meine eigene Position einbeziehen muss. Das kann durchaus dazu führen, dass ich meine Position verändere. Meine Bereitschaft, mich überzeugen zu lassen, ist auch Ausdruck des Gegenseitigkeitsprinzips, das wir später noch kennen lernen werden: Jemand lässt sich eher von mir überzeugen, wenn er bemerkt, dass auch ich bereit bin, mich überzeugen zu lassen.

BEISPIEL

In einer Bank soll eine neue Software eingeführt werden. Der Abteilungsleiter ist von der Effektivität und Effizienz der Software überzeugt und präsentiert seine Idee, diese einzuführen, seinem Team. Die Widerstände sind jedoch sehr groß. Der Abteilungsleiter erkennt, dass es keinen Sinn macht, die neue Software einfach durchzudrücken. Einige Argumente der Teammitglieder erscheinen ihm auch durchaus vernünftig. Er modifiziert schließlich seinen Vorschlag. Er macht das Angebot, das alte und das neue Programm in einer Testphase von vier Wochen parallel laufen zu lassen und kontinuierlich die Vor- und Nachteile zu dokumentieren. Am Ende der vier Wochen soll es eine Gegenüberstellung geben. Dann soll entschieden werden, welche Software am besten geeignet ist. Das Team erklärt sich einverstanden. Der Abteilungsleiter war also dazu bereit, sich zu bewegen, und hat dadurch erreicht, dass der Widerstand gegen seinen Vorschlag aufgegeben wurde.

Push-Strategien: offensiv nach vorne

In diesem Kapitel stellen wir Ihnen die wichtigsten Begründungs- oder Argumentationsstrategien vor, mit deren Hilfe es Ihnen gelingen kann, den Adressaten für etwas zu gewinnen. Diese Begründungsstrategien sind das zentrale Element einer Push-Strategie. Sie versuchen dabei, durch Begründungen oder Argumentationen Ihren Standpunkt offensiv in das Meinungsnetz Ihres Adressaten einzuknüpfen. Unterstützt durch Begründungen schieben Sie Ihren Standpunkt in dieses Netz und verflechten ihn dort.

Die Begriffe Argumentieren oder Begründen sind im Grunde austauschbar. Argumentieren heißt nämlich nichts anderes, als etwas zu begründen. Wenn ich ein Argument für meinen Standpunkt anführe, dann begründe ich meinen Standpunkt damit. Je besser die Gründe, desto besser mein Argument.

Wenn ich jemanden von etwas überzeugen möchte, dann werde ich Argumente ins Feld führen, die meinen Standpunkt stützen und die mein Adressat einsieht. Die Grundidee besteht darin, dass mein Gesprächspartner meinen Standpunkt (Behauptung) dann akzeptiert, wenn er die Gründe akzeptiert, die ich für meinen Standpunkt anführe. Je akzeptabler die Gründe, desto eher wird er meine Behauptung oder meinen Standpunkt akzeptieren.

Zeigen Sie, welchen Nutzen Ihr Standpunkt bringt

Eine der wichtigsten Argumentationsstrategien besteht darin, auf den Nutzen von Handlungen oder Ereignissen aufmerksam zu machen. Bei einer Nutzenargumentation wird gezeigt, dass ein bestimmter Sachverhalt dem Adressaten einen Nutzen oder Vorteil bringt und der Adressat ihn daher akzeptieren sollte.

Die Nutzenargumentation kann nach folgendem Schema aufgebaut sein:

> **Begründungsschema**
> *X sollte getan werden …;*
> *oder: X ist vernünftig, ratsam, …,*
> *weil durch X der Nutzen Z entsteht.*

Die Nutzenargumentation ist eine der wirkungsvollsten Argumentationsformen. Sie knüpft nämlich unmittelbar an die Frage an, die sich Ihr Adressat stets stellen wird, wenn Sie ihn mit einem Vorschlag oder einer Idee konfrontieren: „Was bringt mir/uns das?"

Eine klare Nutzenargumentation hat eine enorme Zugkraft. Basis dafür ist natürlich Ihre Adressatenanalyse. Sie liefert Ihnen die Daten, die Sie berücksichtigen müssen, wenn Ihre Argumentation für den Adressaten attraktiv sein soll.

BEACHTEN SIE BEIM AUFBAU EINER NUTZENARGUMENTATION:

- Welche Punkte meiner Idee üben einen großen Reiz auf den Adressaten aus? Welche anderen Nutzenaspekte sind dem Adressaten wichtig und wie könnte ich diese in meine Idee einbetten?

- Wie kann ich zeigen, dass ich in Bezug auf das zu erwartende Ergebnis die Ziele des Adressaten teile und wir einen gemeinsamen Nutzen abschöpfen können?

- Wenn der Nutzen nicht deutlich ist: Wie kann ich meine Position verändern, sodass ein klarer Nutzen hervortritt?

ARBEITEN SIE DEN NUTZEN KLAR HERAUS

Nutzenargumente werden unserer Erfahrung nach nur sehr selten klar und präzise herausgearbeitet. Schlimmer noch: Sehr oft wird kein einziger Nutzen aufgezeigt. Stattdessen verlegt man sich ganz auf die Beschreibung der Eigenschaften eines Produkts oder einer Idee. Besonders oft stellt man diesen Mangel an Nutzenargumenten in klassischen Verkaufsgesprächen fest.

BEISPIELE

Max möchte sich eine neue Waschmaschine zulegen. Der Verkäufer bombardiert ihn mit technischen Details, erläutert aber nicht, inwiefern diese Details für Max von Bedeutung sind.

Rudi möchte ein Auto leasen. Die erste Frage des Verkäufers ist, welche technische Ausstattung der Wagen haben soll, welche Motorleistung usw. Er stellt keine einzige Frage dazu, wie Rudi den Wagen hauptsächlich nutzen wird, was ihm an einem Fahrzeug wichtig ist oder welche Eigenschaften für ihn entscheidend sind.

Natürlich kann sich der Kunde aus den Produkteigenschaften den Nutzen oft indirekt erschließen. Aber wenn der Verkäufer überzeugen will, muss er explizit die Themen ansprechen, die den Kunden bewegen. Ein überzeugender Verkäufer wird den Nutzen und die Vorteile des Produktes für den Kunden klar und deutlich herausarbeiten.

DER NUTZEN WIRD OFT NICHT ERKANNT

In unseren Seminaren, an denen häufig Führungskräfte teilnehmen, bitten wir die Teilnehmer manchmal, ein Gedankenexperiment durchzuführen, das man „Teamverkauf" nennen könnte. Dabei sollen die Teilnehmer ihrem Vorstandsvorsitzenden gegenüber begründen, warum ihr Team einen wertvollen Beitrag zum Unternehmen leistet. In diesem kleinen Experiment arbeiten die Teilnehmer heraus, worin die Kerndienstleistung ihres Teams besteht, was ihre Kernkompetenz ausmacht und wo der zentrale Kundennutzen liegt, den ihr Team für das Unternehmen stiftet. Unter Kunden sind hier sowohl interne als auch externe Kunden zu verstehen. Das Ergebnis dieses Experiments sieht fast immer so aus: Die meisten sind gerade noch in der Lage zu beschreiben, worin ihre zentrale Dienstleistung besteht. Extrem schwer fällt es ihnen aber, kurz und präzise den Nutzen Ihrer Arbeit zu beschreiben. Böse Zungen könnten jetzt behaupten, dass dies nur zeige, wie unbedeutend das Team sei. Doch daran liegt es meistens nicht. Der eigentliche Grund ist der, dass man nicht gewohnt ist, den Nutzen zu sehen.

BEISPIEL

Die Firma Huber, ein Installationsbetrieb für sanitäre Anlagen, hat eine sehr einfache, aber überzeugende Antwort auf die Frage gefunden, welchen Nutzen sie stiftet. Der Firmeninhaber und seine Mitarbeiter haben sich drei wesentliche Fragen gestellt:

1. Worin besteht unsere Kerndienstleistung?

„Wir übergeben unseren Kunden ein sofort benutzbares, sauberes, perfekt funktionierendes Bad zum vereinbarten Termin. Dabei muss der Kunde nur mit einem Ansprechpartner verhandeln, dem Installateur Huber."

2. Welche Kernkompetenzen haben wir?

Projektmanagement: „Wir beherrschen die Koordination verschiedener Handwerker."

Handwerkliches Fachwissen: „Wir wissen genau, wie die einzelnen Arbeitsschritte verschiedener Handwerker aufeinander abgestimmt sein müssen."

Netzwerkaufbau und -pflege: „Wir verfügen über Auswahlkriterien, um die besten und zuverlässigsten Handwerker zu erkennen und langfristig in das Huber-Netzwerk einzubinden."

3. Welchen zentralen Kundennutzen stiften wir?

„Erstens verschaffen wir unseren Kunden – trotz Baustelle – ruhige Nächte. Zweitens sind unsere Bäder Wellness-Oasen, in denen sich Menschen vom hektischen Alltag erholen können."

Der zentrale Kundennutzen ist eine einfache und leicht nachvollziehbare Botschaft. Für die Mitarbeiter des Installationsbetriebs Huber ist es leicht, den zentralen Vorteil für den Kunden aufzuzeigen.

Machen Sie auf die Folgen aufmerksam

Neben dem Nutzen können Sie auch auf die Folgen Ihres Standpunkts aufmerksam machen: Sie malen dem Adressaten aus, welche Konsequenzen eine Sache haben wird.

BEISPIEL

Das Management von LionAir erwägt, die Preise zu senken, um durch ein günstigeres Angebot als die Konkurrenz die Auslastung der Flugzeuge zu erhöhen. Der Vertriebsleiter ist dafür. Er verspricht sich mehr Umsatz. Der Marketingleiter macht auf die möglichen Folgen dieses Schrittes aufmerksam. Wenn LionAir die Preise senkt, wird die Konkurrenz vermutlich nachziehen und ebenfalls die Preise reduzieren. Es bestehe dadurch die Gefahr, in eine Wettbewerbsspirale zu geraten. Er verweist auf die Situation von CrashAir, die vor zwei Jahren durch eine ähnliche Preispolitik in den Ruin getrieben wurde.

Wir wollen Begründungen mit Bezug auf Folgen einfach Folgenargumente nennen. *Folgenargumente* sind nach diesem Schema aufgebaut:

Begründungsschema

A ist richtig, ratsam, vernünftig, …;
oder: Wir sollten A tun,
weil es die positiven Folgen XYZ nach sich ziehen wird.

A ist falsch, nicht ratsam, unvernünftig, …;
oder: Wir sollten A nicht tun,
weil es die negativen Folgen XYZ nach sich ziehen wird.

Dieses Begründungsschema können wir auch in folgendes Schluss-Schema umkehren:

Schluss-Schema
Die positiven Folgen XYZ entstehen,
daher sollten wir A tun ...;
oder: daher ist A richtig, ratsam, vernünftig.

Die negativen Folgen XYZ entstehen,
daher sollten wir A nicht tun ...;
oder: daher ist A falsch, nicht ratsam, unvernünftig.

Folgenargumente spielen eine wichtige Rolle in einer der bedeutendsten ethischen Theorien, dem Utilitarismus – auch Folgenethik genannt.

BEISPIEL
In vielen aktuellen Diskussionen auf dem Gebiet der medizinischen Ethik werden eine Reihe von Folgenargumenten genannt, die aus der utilitaristischen Tradition stammen. So wird etwa für die Stammzellenforschung damit argumentiert, dass sie uns helfen kann, Krankheiten zu heilen oder zu lindern.

Stark vereinfacht können wir den Utilitarismus auf folgende These verkürzen: Eine Handlung ist richtig oder gut, wenn sie zum allgemeinen Glück beiträgt. Ob eine Handlung moralisch gut oder gerechtfertigt ist, hängt also von den damit verbundenen Folgen ab. Eine Handlung ist gut, wenn sie positive Folgen hat oder, genauer, wenn sie in der Summe mehr positive als negative Folgen für das Gesamtwohl einer Gesellschaft mit sich bringt. Dabei sollte diejenige Handlung gewählt werden, die den Betrag des Gesamtwohls am nachhaltigsten fördert. Salopp in einem Beispiel formuliert: Wenn Sie zwei Menschen durch eine Handlung glücklich machen können, dann ist das besser, als wenn sie nur einen Menschen durch die Handlung glücklich machen können. Die Grundidee ist, dass die moralische Güte einer Handlung sich an den Folgen messen lassen muss. (Eine persönliche Anmerkung der Autoren: Es erscheint uns sinnvoll, den Utilitarismus als prominenten Vertreter einer Folgenargumentation an dieser Stelle für den Leser zu skizzieren; wir selbst sind jedoch keine Utilitaristen).

Folgenargumente können auch in anderen Situationen eine wichtige Funktion haben. Betrachten wir zum Beispiel Kritik- bzw. Feedbacksituationen. Einem Mitarbeiter ein negatives Feedback geben zu müssen wird meist als knifflig und unangenehm erlebt. Aus unserer Sicht wird dabei häufig ein zentraler Punkt vernachlässigt, nämlich die klare Begründung der Kritik. Es ist gerade die Begründung, die dafür sorgen kann, dass die Kritik angenommen wird. Eine gute Begründungsstrategie in Kritiksituationen besteht aus Folgenargumenten.

BEISPIEL
Andrea führt ein Kritikgespräch mit Fabian. Andrea und Fabian arbeiten zusammen mit vier anderen Kollegen in einem IT-Projekt. Andrea ist die Projektleiterin. Im Moment befindet sich das Projekt in einer kritischen Phase, weil in drei Wochen der erste wichtige Meilenstein erreicht werden soll. Um den Informationsfluss in Gang zu halten, trifft man sich jeden Morgen zu einem Jour-fixe-Gespräch um neun Uhr, jeweils für eine halbe Stunde. Fabian ist die letzten vier Male aber immer um mehr als zehn Minuten zu spät aufgetaucht. Andrea ist verärgert. Sie nennt Fabian im Gespräch ihren Kritikpunkt und bringt ein Folgenargument als Begründung:

„Fabian, ich bin, ehrlich gesagt, ziemlich verärgert, dass du die letzten Male immer um mehr als zehn Minuten zu spät zu unserem täglichen Meeting gekommen bist. Erstens konnten wir nicht pünktlich beginnen, was dazu geführt hat, dass unsere ohnehin engen Zeitpläne durcheinander geraten sind. Zweitens haben wir nicht die Informationen erhalten, die wir am Beginn der Sitzung brauchten, weil du nicht da warst, um zu berichten. Die Folge war, dass unser Informationsaustausch nur unvollständig war. Einige waren darüber ziemlich sauer. Kannst du das nachvollziehen?"

Andrea begründet also ihre Kritik, indem sie auf die Folgen von Fabians Verhalten aufmerksam macht. Dadurch wird für Fabian klar, warum Andrea sich über sein Verhalten ärgert. Folgenargumente können verstärkt werden, wenn nicht nur eine einzelne Folge angeführt wird, sondern ein ganzes Folgenbündel.

BEISPIEL

Maria möchte, dass sich Sarah intensiver um die Kundenbeschwerden küm-mert: „In den letzten Monaten haben wir 20 Prozent mehr Beschwerden als im Vergleichszeitraum. Wir sollten unbedingt etwas dagegen unternehmen. Denn wenn wir nichts tun, gehen uns die Kunden verloren und wandern zur Konkurrenz ab. Das wird sich natürlich herumsprechen, unseren Ruf ver-schlechtern und uns noch mehr Kunden kosten. Wir sollten dem so früh wie möglich entgegenwirken."

Der Verweis auf ein ganzes Bündel von Folgen verstärkt die Brisanz und Dramatik eines Folgenarguments. Wichtig ist dabei natürlich, dass die Folgen auch tatsächlich wahrscheinlich oder zumindest plau-sibel sind. Andernfalls kann ein Bündel von Folgenargumenten schnell als bloße Schwarzmalerei oder Übertreibung abgetan werden. Dann stellt es im Grunde nur noch eine Manipulationstaktik, aber kein echtes Argument mehr dar.

BEACHTEN SIE BEI DER VERWENDUNG VON FOLGENARGUMENTEN:
- Die Folgen sollten für den Adressaten relevant sein. Folgen, die für den Adressaten ohne Bedeutung sind, werden ihn nicht interessie-ren.

- Die Folgen sollten entweder tatsächlich eintreffen oder zumindest wahrscheinlich bzw. plausibel sein. Um dies zu zeigen, ist mögli-cherweise ein argumentativer Zwischenschritt notwendig, der den Beleg dafür liefert.

- Ein Folgenbündel kann die Brisanz und Wirkung eines Folgenargu-ments erhöhen.

Helfen Sie dem anderen, seine Ziele zu erreichen

Ziele bilden eine einfache, aber gute Begründungsbasis. Denn fast alle Menschen haben Ziele, die sie erstreben oder erreichen möchten, wie unklar sie auch immer formuliert sein mögen. Einige Ziele, die man verfolgt, sind vielleicht sogar eher unbewusster Natur.

Ziele beschreiben den Zustand oder die Situation, die man anstrebt oder verwirklichen möchte. Wenn man in seiner Argumentation zeigen kann, dass die eigene Meinung oder der eigene Vorschlag einen Zielbeitrag leisten, dann hat dies auf den Adressaten in der Regel eine überzeugende Wirkung.

Wir nennen diese Argumentart ***Zielargumente***. Zielargumente können in verschiedenen Varianten auftreten. Ein zentrales Begründungs- und Schluss-Schema ist folgendes:

Begründungsschema
A sollte getan werden,
weil Ziel X erreicht werden soll;
oder: Um X zu erreichen, muss A getan werden.

Schluss-Schema
Ziel X soll erreicht werden.
Um X zu erreichen, muss A getan werden.
Daher: A sollte getan werden.

Im Grunde haben wir in diesem Schema eine Mittel-Zweck-Beziehung formuliert. Wir zeigen in der Argumentation, dass unsere Meinung oder Idee ein geeignetes Mittel ist, um ein bestimmtes, vom Adressaten vertretenes Ziel zu erreichen. Viele Weisheiten oder Ratschläge können als Zielargumente ausgelegt werden.

BEISPIELE
„Willst du den König schachmatt setzen, solltest du jetzt den Läufer auf D4 ziehen."

„Willst du eine gute Anstellung haben, solltest du eine Ausbildung absolvieren."

„Ohne Fleiß kein Preis." (Oder: „Willst du es zu etwas bringen, dann musst du fleißig sein.")

Zielargumente können stark oder schwach formuliert werden. In einem stark formulierten Zielargument wird behauptet, dass es notwendig sei, A zu tun, um Ziel X zu erreichen. Stark formulierte Zielargumente haben in unserer Alltagsargumentation häufig einen Mangel. Sie erwecken den Eindruck, als gäbe es nur einen einzigen Weg zum Ziel. Deshalb sind sie als Argumente oft schwach. Denn meistens gibt es mehrere Mittel und Wege, um etwas zu erreichen (um an das Beispiel von Fleiß und Preis anzuknüpfen: Ich kann es auch durch pures Glück oder eine geniale Idee bei gleichzeitiger Faulheit zu etwas bringen!). Zielargumente sind nur dann wirklich stark, wenn es tatsächlich nur einen Weg zur Zielerreichung gibt, wenn dieser Weg – um die Schachmetapher zu bemühen – einen erzwungenen Zug darstellt.

Aus diesem Grund ist es ratsam, statt stark formulierter besser schwach formulierte Zielargumente zu benutzen. Schwach formulierte Zielargumente haben folgendes Schema: Um X zu erreichen, ist es vernünftig, ratsam usw., A zu tun.

BEISPIEL
Die Brauer GmbH will eine systematische Personalentwicklung einführen. In den letzten Jahren hat man sich nur auf das Wachstum des Unternehmens konzentriert und die Personalentwicklung sehr stiefmütterlich behandelt. Die Belegschaft ist auf über 500 Mitarbeiter angewachsen. Günter Müller, eines der Vorstandsmitglieder, möchte seine Kollegen dafür gewinnen, zu diesem Zweck professionelle Unterstützung in Anspruch zu nehmen.

Müller: „Wir sind uns einig, dass wir eine Personalentwicklung brauchen. Und das ziemlich schnell. Um das zu erreichen, halte ich es für ratsam, dass wir uns der Hilfe eines externen Beraters bedienen. Denn ein Berater weiß aus Erfahrung, wie man das Ganze systematisch anpackt."

Müller argumentiert, dass man A (Berater engagieren) tun muss, um X (systematische Personalentwicklung) zu erreichen. Dabei wird noch ein Zwischenschritt eingeschaltet, der klar macht, warum A zu X führt.

In diesem Fall wird auf die Erfahrung von Beratern verwiesen. Solche Zwischenschritte können sinnvoll sein, um die Mittel-Ziel-Beziehung präziser herauszustellen. Betrachten wir weitere Beispiele für Zielargumentationen:

BEISPIELE
Peter ist Chefarzt in einem Krankenhaus mit 200 Betten. Auf der Direktoriumssitzung argumentiert er folgendermaßen: „Unser Ziel ist es doch, ein kundenorientiertes Krankenhaus zu werden. Ein möglicher Schritt in diese Richtung wäre es, dass wir uns einmal alle Kernprozesse in unserem Haus ansehen und schauen, wie wir sie verbessern könnten."

Ein Politiker erklärt auf einer Podiumsdiskussion zur Reform der Arbeitsmarktpolitik: „Ich denke, das Arbeitslosengeld sollte in den ersten sechs Monaten in leicht zu errechnenden Pauschalen bezahlt werden. Warum? Weil wir dadurch eine administrative Entlastung erreichen. Angestellte, die in den Arbeitsämtern bisher die Leistungen errechnet haben, können dadurch in der Vermittlung eingesetzt werden. Außerdem ist es unser Ziel, die Schwarzarbeit zu bekämpfen und Anreize für die Selbstständigkeit zu schaffen. Um das zu erreichen, kann es hilfreich sein, so genannte Ich-AGs einzuführen. Arbeitslose, die nicht mehr als 15.000 Euro als Selbstständige hinzuverdienen, müssen auf ihre Einnahmen lediglich eine Pauschalsteuer von zehn Prozent bezahlen."

Übrigens sind Zielargumente dann besonders stark, wenn man auf gemeinsame Ziele aufmerksam machen kann, die man mit dem Adressaten teilt – nach dem Motto: „Wir alle brauchen doch ..." Hier kommt der psychologische Effekt eines Appells an die Gemeinsamkeit hinzu.

DAS WOLLEN WIR DOCH BEIDE NICHT
In manchen Situationen ist es nützlich, auf das hinzuweisen, was man nicht erreichen will (Nicht-Ziele), um dann überzeugend darlegen zu können, was man tun oder nicht tun sollte. Man stellt als Gemeinsamkeit heraus, was als Nicht-Ziel gesehen wird. Diese Art der Argumentation kann besonders in Konfliktsituationen wertvoll sein. Durch die Betrachtung der Nicht-Ziele findet man nämlich recht schnell wie-

der Gemeinsamkeiten, die gerade in emotional belastenden Situationen wie Konflikten rasch verloren gehen können.

BEISPIEL:
„Niemand von uns möchte, dass es zu einer Aufsplitterung unseres Teams kommt. Deshalb sollten wir jetzt gemeinsam nach einer Lösung suchen."

Zielargumente lassen sich auch hervorragend in Entscheidungssituationen nutzen, wenn man für eine bestimmte Alternative plädieren möchte. Man benutzt sie dann als Kriterien, die zur Auswahl einer Option herangezogen werden.

BEISPIEL
„Welche Ziele sind uns wichtig? Schnelligkeit und Einfachheit! Dann sollten wir Option X wählen."

BEACHTEN SIE BEI DER VERWENDUNG VON ZIELARGUMENTEN:
- Begründungen mit Bezug auf Ziele sind dann besonders stark, wenn die Ziele vom Adressaten auch tatsächlich verfolgt werden.

- Schwach formulierte Zielargumente sind manchmal stärker als stark formulierte.

- Zeigen Sie, dass ein echter Zusammenhang zwischen der eigenen These oder dem eigenen Vorschlag und der Zielerreichung besteht. Dazu ist unter Umständen ein argumentativer Zwischenschritt notwendig.

- Eine gemeinsame Basis schaffen Sie häufig, indem Sie darauf aufmerksam machen, was am Ende nicht herauskommen soll (Nicht-Ziele).

Erfüllen Sie Anliegen des Adressaten

Anliegen bieten einen weiteren wichtigen Anknüpfungspunkt für Begründungen und Schlüsse. Argumente, in denen Anliegen eine zentrale Rolle spielen, nennen wir Anliegenargumente. Anliegen sind Dinge oder Aspekte, die uns wichtig sind. Anliegen können Befürchtungen sein, Hoffnungen, Erwartungen, Wünsche oder Interessen. Wir unterscheiden Anliegen,

a) die der Adressat tatsächlich hat,

b) die man haben sollte,

c) die ich als Überzeuger habe.

Im Fall a) versuchen Sie, die Anliegen ins Feld zu führen, die Ihr Adressat hat. Wenn durch Ihren Standpunkt oder Vorschlag das Anliegen des Adressaten erfüllt ist, dann entsteht für ihn ein hoher Nutzen. In dieser Variante der Anliegenargumente besteht eine Ähnlichkeit zu Nutzenargumenten.

Im Fall b) nimmt der Überzeuger einen allgemeineren Blickwinkel ein. Er zeigt, dass durch seinen Standpunkt Anliegen erfüllt werden, die man vernünftigerweise haben sollte.

Im Fall c) begründen Sie Ihren Standpunkt mit Bezug auf persönliche Anliegen. Sie verdeutlichen, warum Ihnen etwas am Herzen liegt. Diese Variante der Anliegenargumente ist sehr subjektiv.

Anliegenargumente spielen eine große Rolle in Konflikten und Verhandlungen. Anliegen werden uns daher im Kapitel „Verhandlungsstrategien" wieder begegnen.

Begründungsschema

A sollte getan werden,
weil A das Anliegen X von Person (Personengruppe) Y erfüllt.

Schluss-Schema

A erfüllt das Anliegen X von Person (Personengruppe) Y,
daher sollte A getan werden.

BEISPIEL

Maria und Franziska haben ein kleines Unternehmen gegründet. Sie bieten einen Übersetzungsservice für Japanisch und Chinesisch an. Maria wünscht sich einen ordentlichen Internetauftritt, um weltweit Aufträge erhalten zu können. Sie würde die Website gern von einem Profi gestalten lassen. Franziska ist der Meinung, das könne man allein schaffen. Denn ein Webdesigner kostet viel Geld. Maria weiß, dass es Franziska sehr wichtig ist, möglichst schnell mit dem Marketing zu beginnen und auf dem Markt aufzutreten. Maria lenkt also ihre Argumentation auf diesen Aspekt (Franziskas Anliegen): „Ich glaube, wir sollten unsere Website von einem Profi gestalten lassen. Natürlich kostet das Geld. Aber wenn wir das tun, dann könnten wir unseren Service auf dem Markt sehr rasch anbieten. Und das ist dir doch wichtig. Wenn wir uns selbst darum kümmern, geht allein dadurch viel Zeit verloren, dass wir uns mit der entsprechenden Software beschäftigen. Keiner von uns hat ja wirklich Ahnung davon. Durch den Auftrag an einen Externen sparen wir enorm viel Zeit. Was meinst du?"

Das persönliche Anliegen des Adressaten herauszuarbeiten ist in vielen Überzeugungssituationen der Schlüssel zum Erfolg. Umgekehrt: Wenn ich die Anliegen nicht herausarbeite, kann es passieren, dass ich völlig am Adressaten vorbeirede.

In den folgenden beiden Verkaufsgesprächen können wir beide Situationen gut nachvollziehen. In Szene eins kümmert sich der Verkäufer kein bisschen um die Anliegen des Kunden. In Szene zwei gelingt es dem Verkäufer sehr elegant, die Anliegen des Kunden offen zu legen und darauf seine Argumentation aufzubauen.

BEISPIEL:
Theo möchte sich ein Handy kaufen. Er hat bisher noch nie ein Handy besessen. Theo geht in das erstbeste Geschäft und es kommt zu folgendem Dialog:
Verkäufer: Kann ich Ihnen helfen?

Theo:	*Ja gern, ich möchte mir ein Handy zulegen.*
Verkäufer:	*Aha, da haben wir gerade ein tolles Produkt im Angebot, stammt von Simkia, 160 Gramm leicht, 270 Stunden Stand-by-Zeit. Ein Computerspiel ist auch integriert.*
Theo:	*Ob ich so was wirklich brauche?*
Verkäufer:	*Also, unsere Kunden sind voll davon begeistert.*
Theo:	*Na ja, aber …*
Verkäufer:	*Sie haben doch bestimmt öfter mal Wartezeiten, oder?*
Theo:	*Schon, aber …*
Verkäufer:	*Und genau in solchen Situationen können Sie sich wunderbar die Zeit damit vertreiben. Übrigens haben wir dieses Gerät nur bis Ende April im Angebot. Es hat außerdem Lithium-Ionen-Batterien und ein großes Display. Das ist gut, wenn Sie mal Mitteilungen versenden wollen.*
	An dieser Stelle ist Theo gedanklich mehr oder weniger ausgestiegen. Er bedankt sich für die Informationen und verlässt das Geschäft. Der Verkäufer hat hartnäckig an ihm vorbeiargumentiert. Dass es auch anders gehen kann, erfährt Theo im nächsten Handy-Shop:
Verkäufer:	*Was kann ich für Sie tun?*

Theo: Ich möchte mir gern ein Handy zulegen.

Verkäufer: Sie haben bisher noch kein Handy genutzt?

Theo: Nein, für mich ist das ganz neu und ehrlich gesagt, kenne ich mich mit der ganzen Technik auch nicht besonders gut aus.

Verkäufer: Ich verstehe. Wie planen Sie denn, Ihr Handy zu nutzen? Ich frage deshalb, damit ich Ihnen etwas vorstellen kann, das Ihren Anforderungen entspricht.

Theo: Ich möchte das Handy in erster Linie geschäftlich einsetzen. Ich bin oft unterwegs und muss den Kontakt zu Kunden und zu meinem Geschäftspartner halten. Dabei möchte ich das Handy sozusagen als One-way-Handy benutzen, das heißt, ich möchte damit telefonieren können, es aber nicht eingeschaltet lassen. Denn ich bin so oft beim Kunden, dass es nur stören würde, wenn mich jemand anriefe.

Verkäufer: Sie wollen also selbst anrufen können. Es geht Ihnen nicht in erster Linie darum, erreichbar zu sein.

Theo: Ganz genau.

Verkäufer: Dann legen Sie vermutlich keinen großen Wert auf eine möglichst umfangreiche Stand-by-Zeit, oder?

Theo: Sehr richtig.

Verkäufer: Worauf käme es Ihnen denn bei dem Gerät noch an?

Theo: Eigentlich habe ich ganz genaue Vorstellungen: Das Handy soll im Grunde so leicht und so klein wie möglich sein und eine gute Sprachqualität besitzen. Ich möchte das Handy zum Beispiel im Sakko tragen können, ohne dass es dabei aufträgt oder sich beim Herausnehmen irgendwie verhakt.

Verkäufer: *Sie brauchen also ein kleines, leichtes Handy mit guter Sprach-qualität und ohne umfangreiche Stand-by-Zeit. Da gibt es ein Gerät, das genau Ihren Vorstellungen entspricht.*

An dieser Stelle beginnt der Verkäufer mit der Produktargumentation. Bevor er jedoch damit startet, hat er durch kluge Fragen die wichtigsten Anliegen des Kunden herausgearbeitet. Betrachten wir noch ein weiteres Beispiel, das uns verdeutlicht, wie zentral Anliegen für eine Überzeugungssituation sein können.

BEISPIEL
Stratos möchte mit seiner Freundin Karin gern in Urlaub fahren. Er weiß, dass sie gern Motorrad fährt. Deshalb überlegt er, sie nach Kalifornien auf eine Tour entlang der Westküste einzuladen. Sie scheint jedoch von dem Vorschlag nicht begeistert zu sein. Im Gespräch bringt sie laufend Argumente, warum es im Moment nicht so sinnvoll ist, in die USA zu reisen. Sie nennt Geld- und Zeitargumente. Erst viel später findet Stratos den wahren Grund hinter Karins Verhalten heraus: Sie hat unglaubliche Angst vor dem Fliegen.

Nicht immer gelingt es, das Anliegen des Adressaten in Erfahrung zu bringen. Dann gibt es die Möglichkeit, eine Argumentation von einem universelleren Standpunkt aus zu konstruieren. Sie argumentieren nicht mit Bezug auf Anliegen, die Ihr Adressat explizit hat, sondern mit Bezug auf Anliegen, die Ihr Adressat eigentlich haben sollte – Anliegen, die er sich aus Vernunftgründen heraus eigentlich zu Eigen machen sollte, die ihm aber unter Umständen nicht richtig bewusst sind. Hier ein paar Beispiele für solche Arten von Anliegen:

BEISPIELE:
Es sollte unser Anliegen sein, unsere Regenwälder zu schützen.

Es sollte unser Anliegen sein, langfristig zu denken.

Es sollte unser Anliegen sein, die Rente zu sichern.

Es sollte unser Anliegen sein, die Menschenrechte zu fördern.

Es sollte unser Anliegen sein, wirtschaftlich zu handeln.

Es sollte unser Anliegen sein, die Interessen unserer Mitarbeiter zu berücksichtigen.

Es gibt zentrale Grundbedürfnisse, die alle Menschen entweder haben oder haben sollten. Diese Art von Anliegenargumente könnte man **universelle Anliegenargumente** nennen. Sie benötigen in der Regel einen weiteren Begründungsschritt. Darin wird gezeigt, warum wir dieses Anliegen haben sollten. Eine solche Begründung kann so konstruiert sein, dass die Folgen genannt werden.

BEISPIEL
Konrad unterstützt bei einem Treffen der „Jungen Selbstständigen" in seinem Heimatort die Initiative von Herrn Meier: „Ich finde die Initiative von Herrn Meier für den Schutz des Regenwaldes sehr gut, denn es sollte unser aller Interesse sein, etwas für unsere Umwelt zu tun. Vernachlässigen wir dies nämlich, werden wir unsere Erde zerstören und letztendlich auch uns selbst."

Anliegen lassen sich nicht nur in universelle Perspektiven einbetten, sie können auch erfolgreich in subjektiven Begründungen benutzt werden. Bei einer subjektiven Begründung mache ich klar, was mir persönlich wichtig ist, das heißt, wo meine Anliegen sind. Ich möchte zum Beispiel jemanden für einen Vorschlag gewinnen und begründe es damit, dass dies ein sehr wichtiges Anliegen für mich sei:

Begründungsschema:
A sollte getan werden,
weil es mir sehr wichtig ist, dass …

Diesen Anliegenargumenten geben wir den Namen **subjektive Anliegenargumente.** Der Überzeuger nutzt hier seine persönlichen Anliegen als Begründungsinstanz. Wie kann das funktionieren? Widerspricht das nicht unserer Aufforderung, an das anzuknüpfen, was dem Adressaten wichtig ist?

Subjektive Anliegenargumente sind oft aus einem anderen Grund erfolgreich. Gerade weil sie subjektiv und persönlich sind, verleihen sie der Idee oder der Sache, für die man den Adressaten gewinnen möchte, Glaubwürdigkeit und Authentizität. Als Überzeuger sollten Sie erklären, warum Ihnen die Sache so wichtig ist. Damit wird Ihr subjektives Anliegen für den Adressaten noch transparenter. Diese sehr persönliche Begründungsform liefert Motive und Absichten, die dem Adressaten klar machen, was hinter einem bestimmten Wunsch oder einer bestimmten Idee steckt. Gerade dann, wenn sich der Adressat sehr gegen einen Vorschlag sträubt, können subjektive Anliegenargumente eine große Hilfe sein. Man verlässt nämlich die Distanz schaffende rationale Argumentationswelt und erzeugt mehr Nähe und Verständnis.

BEISPIELE
Franz möchte seine Freundin Monika dazu bewegen, gemeinsam auf eine Party zu gehen, zu der sie eingeladen sind. Monika hat aber überhaupt keine Lust dazu, weil ein paar Leute auf der Party sein werden, die sie nicht besonders mag. Franz argumentiert mithilfe eines subjektiven Anliegenarguments: „Es wäre schön, wenn du mitkommen würdest. Es ist mir so wichtig, weil ich dir gern ein paar alte Freunde vorstellen möchte, die du noch nie getroffen hast. Sie sind auch ein wichtiger Teil meines Lebens und da wünsche ich mir einfach, dass du sie mal kennen lernst."

Helmut will eine wichtige Aufgabe an seinen Mitarbeiter Bernd delegieren. Auch er benutzt ein subjektives Anliegenargument: „Es ist mir sehr wichtig, dass Sie diese Aufgabe übernehmen. Denn ich möchte gern, dass dieses Projekt ein voller Erfolg wird, und Sie haben in den letzten drei Projekten bewiesen, dass Sie solche Projekte stemmen können."

DARAUF SOLLTEN SIE BEI DER VERWENDUNG VON ANLIEGENARGUMENTEN ACHTEN:
* Arbeiten Sie immer die Anliegen des Adressaten heraus. Dann können Sie Ihre Argumentation mit Bezug auf diese Anliegen formulieren.

- Nutzen Sie gegebenenfalls universelle Anliegenargumente. In allgemeinen Anliegen findet sich der Adressat leicht wieder. Unter Umständen wird ein zusätzlicher Begründungsschritt benötigt.

- Setzen Sie subjektive Anliegenargumente ein, wenn Sie Nähe zum Adressaten und Verständnis für Ihren Standpunkt schaffen wollen. Auch hier kann ein weiterer Begründungsschritt hilfreich sein.

Halten Sie Werte und Prinzipien hoch

Unter Werten verstehen wir die bewussten oder unbewussten Orientierungsstandards oder Leitvorstellungen, die Menschen oder Gruppen haben. Werte oder Prinzipien sind ein wichtiger Motivator dafür, dass man etwas tut oder auch nicht tut. Werte sind Dinge oder Aspekte, die einem so wichtig sind, dass man nicht darauf verzichten möchte. Sie bilden damit eine hervorragende Begründungsbasis. Der entscheidende Punkt ist natürlich auch hier, dass ich mich auf die Werte beziehe, die der Adressat vertritt. Kann ich zeigen, dass mein Standpunkt mit Werten vereinbar ist, die ihm wichtig sind, wird er meinen Standpunkt leichter akzeptieren.

Man muss unterscheiden zwischen moralischen und außermoralischen Werten. Typische Beispiele für außermoralische Werte sind: Schönheit, Einfachheit, Innovation, Wirtschaftlichkeit. Typische moralische Werte sind: Gerechtigkeit, Menschlichkeit, Mitleid, Toleranz.

Argumente, in denen wesentlich auf Werte Bezug genommen wird, nennen wir *Wertargumente*. Wertargumente können wir nach dem folgenden Schema bilden:

> **Begründungsschema**
> *A sollte getan werden,*
> *weil A den Wert X verkörpert oder erfüllt.*

> **Schluss-Schema**
> *A verkörpert oder erfüllt den Wert X.*
> *Daher: A sollte getan werden.*

BEISPIEL

Karin moderiert einen Konflikt zwischen mehreren Parteien. Sie versucht, die Konfliktparteien davon zu überzeugen, dass es sinnvoll ist, wenn im ersten Schritt jede Partei ihren Standpunkt erläutern und darstellen darf. Sie benutzt dazu ein Wertargument: „Wir sollten auf jeden Fall zunächst die Meinungen aller Parteien hören und ihnen genügend Raum geben, ihren Standpunkt zu erläutern. Denn es ist nur fair, wenn alle die gleichen Chancen erhalten, uns ihre Sichtweisen zu schildern."

Karin bezieht sich also auf den Wert der Fairness, um ihren Standpunkt zu begründen. Im nächsten Beispiel nimmt Erwin auf den Wert der Höflichkeit Bezug.

BEISPIEL

Erwin bereitet sich auf ein Kritikgespräch mit Maria vor. Es gibt einige Punkte, die ihm an Marias Verhalten nicht gefallen. Er erzählt seinem Freund Jürgen, dass er Maria das Kritikgespräch ankündigen möchte. Jürgen meint jedoch, dass dies nicht notwendig sei und Erwin Maria einfach zum Gespräch bitten solle. Erwin erwidert: „Ich möchte Maria nicht einfach mit den Kritikpunkten überfallen. Ich möchte ihr auch die Möglichkeit geben, sich auf das Gespräch vorzubereiten. Denn ich halte es für ein Gebot der Höflichkeit, Menschen nicht einfach mit Kritik zu überfallen."

Im folgenden Beispiel bezieht sich Katharina auf den außermoralischen Wert der Innovation, um ihren Standpunkt zu begründen.

BEISPIEL

Die Simax AG hat eine schwierige Entscheidung zu treffen. Um ihr Überleben zu sichern, wird über die Schließung eines Produktionsstandortes nachgedacht. Katharina, die im Marketingvorstand arbeitet, warnt vor voreiligen Schritten: „Für uns war doch Innovation immer ein wichtiger Wert. Wir haben stets große Stücke darauf gehalten, sehr einfallsreich und innovativ zu sein. Ich plädiere dafür, dass wir nach anderen, kreativeren Lösungen Ausschau halten, bevor wir die schwer wiegende Entscheidung treffen, eines unserer Werke zu schließen."

In unserem nächsten Beispiel macht sich Hanna zunutze, dass für die Geschäftsleitung der Wert „Kundenorientierung" von großer Bedeutung ist.

BEISPIEL
Hanna ist Stationsleiterin in einem Krankenhaus. Sie hat eine Idee entwickelt, wie die Abläufe auf ihrer Station verbessert werden können. Sie erarbeitet einen Vorschlag, der vor der Geschäftsleitung präsentiert werden soll. Hanna weiß, dass sich die Geschäftsleitung den Wert „Kundenorientierung" auf die Fahnen geschrieben hat. Deshalb begründet sie ihren Vorschlag im Wesentlichen damit, welcher Beitrag dadurch für die Kundenorientierung des gesamten Hauses geliefert wird.

BEACHTEN SIE BEI DER VERWENDUNG VON WERTARGUMENTEN:
- Ihr Standpunkt muss einen klaren und wichtigen Beitrag zur Verwirklichung des Werts leisten.

- Nehmen Sie auf Werte Bezug, von denen Sie wissen, dass der Adressat sie vertritt oder vertreten sollte. Beispielsweise ist Gerechtigkeit ein Wert, den niemand ernsthaft in Frage stellen dürfte (die Frage, was denn Gerechtigkeit genau heißt, müssen wir hier zum Glück nicht beantworten).

Berufen Sie sich auf Normen

Unter Normen verstehen wir Regeln oder Gesetzmäßigkeiten, die von einer Gruppe akzeptiert werden. Normen können sein:

- Pflichten
- Vereinbarungen
- Spielregeln

- Geschriebene und ungeschriebene Gesetze
- Gepflogenheiten
- Standards
- Sitten

Ausgehend vom lateinischen Wortsinn heißt Norm so viel wie Maßstab, Muster, Vorschrift. In einem Lexikon finden wir zum Begriff *Norm* folgenden Eintrag:

Eine Norm:

a)   kann ein empirisch ermittelter Durchschnittswert der gemeinsamen Beschaffenheit einer Klasse von Gegenständen sein, in Blick auf den der einzelne Gegenstand als normal angesehen wird;

b)   eine Art Idee oder Grenzbegriff;

c)   eine Art Regel, die eine Klassifizierung von Gegenständen oder die Schematisierung von Handlungen ermöglicht (DIN-Norm, Spielregeln);

d)   kann im rechtlichen oder moralischen Sinn als genereller Imperativ verstanden werden, der sich an rechtlichem oder sittlichem Handeln orientiert.

Auch mit Bezug auf Normen können Begründungen vorgenommen werden. Dieser Art von Argument geben wir den Namen ***Normenargument***. Um Normen handelt es sich nur dann, wenn sie von der Gruppe, in der sie Geltung haben, auch weit gehend akzeptiert werden. Diese weit gehende Akzeptanz begründet auch die Zugkraft von Normenargumenten.

Begründungsschema

A sollte getan werden oder A ist richtig,
weil A der Norm X entspricht.

Schluss-Schema

A entspricht der Norm X.
Daher: A sollte getan werden oder A ist richtig.

Sich gegen ein Normenargument zu stellen bedeutet, sich gegen einen allgemein akzeptierten Standard zu stellen. Damit liegt die Beweislast sofort bei demjenigen, der opponiert. Umgekehrt gilt: Wenn der Überzeuger auf Normen in seiner Begründung Bezug nehmen kann, besteht eine hohe Chance der Akzeptanz beim Adressaten. Als Mitglied der Gruppe, in der diese Norm gilt, wird er sehr wahrscheinlich die Norm akzeptieren.

BEISPIEL

Helmut führt ein Kritikgespräch mit Sonja, weil sie bei den letzten Besprechungen jedes Mal zu spät gekommen ist. „Es ärgert mich, dass du zu unseren letzten Besprechungen jeweils fast 30 Minuten zu spät gekommen bist. Denn wir haben ganz am Anfang die Spielregel vereinbart, dass wir pünktlich um neun Uhr mit unseren Besprechungen anfangen wollen."

Helmut begründet seine Kritik mit Bezug auf eine vereinbarte Spielregel. Diese Spielregel fungiert als Norm in der Gruppe. Auch Pflichten können als Normen verstanden werden. Denn Pflichten beschreiben die Anforderungen, die es zu erfüllen gilt, und damit setzen sie Maßstäbe.

BEISPIEL

Werner gibt seinem EDV-Fachmann ein positives Feedback: „Herr Maier, Sie erledigen Ihre Arbeit toll. Das gefällt mir ausgezeichnet. Sie schaffen es immer, unsere Systeme am Laufen zu halten und somit unauffällig, aber wirkungsvoll Ihre Pflicht zu erfüllen. Das wollte ich Ihnen mal in Ruhe sagen …".

Im folgenden Beispiel macht Lydia, eine Asienexpertin, ihren Kunden auf typisch japanische Gepflogenheiten aufmerksam. Auch Lydia bezieht sich auf eine Norm, die in diesem Fall keine feste Regel, sondern mehr eine gesellschaftliche Übereinkunft darstellt.

BEISPIEL
Lydia berät Albert, der in Japan Verkaufsgespräche zu führen hat. Sie möchte ihn davon abbringen, bei der anstehenden Besprechung mit dem japanischen Kunden zu stark vorzupreschen. Lydia: „In Japan ist es nicht üblich, dass auf Besprechungen Entscheidungen getroffen werden. Sie sollten daher heute bei der Besprechung nicht darauf bestehen, dass es zu einem Beschluss kommt."

Normen können in der Überzeugungsarbeit außerordentlich erfolgreich eingesetzt werden. Ein guter Überzeuger hat sich daher mit den Normen beschäftigt, die für den Adressaten wichtig sein könnten und die für die anstehende Überzeugungssituation Relevanz besitzen. Er wird Ausschau halten nach Gepflogenheiten, üblichen Vereinbarungen oder Spielregeln.

Sie können Normen auf zwei Arten einsetzen. Entweder helfen Ihre Argumente, die Norm zu erfüllen, oder – was dramatischer wirkt – sie zeigen die Folgen auf, wenn die Norm verletzt wird.

BEACHTEN SIE BEI DER VERWENDUNG VON NORMENARGUMENTEN:
* Beziehen Sie sich nur auf Normen, die allseits bekannt und überprüfbar sind. Ungeschriebene Gesetze können natürlich auch als Normen wirken. Aber Begründungen, die darauf Bezug nehmen, haben weniger Überzeugungskraft.

* Wollen Sie den Bezug zu mehreren Normen herstellen, so überzeugen Sie sich zunächst davon, dass die Normen zusammenpassen.

Lassen Sie Daten und Fakten sprechen

Empirische Belege in Form von Zahlen, Daten und Fakten spielen bei Begründungen eine zentrale Rolle. Sie wirken überzeugend, weil sie objektiven Charakter haben. Zahlen haftet das Prestige wissenschaftlicher Exaktheit an. Mit der Bezugnahme auf empirische Belege ist in der Regel ein Anspruch auf Wahrheit und Objektivität verbunden. Man beruft sich bei seiner Argumentation auf die Welt, wie sie wirklich ist. Der Schiedsrichter im Argumentationswettstreit ist gewissermaßen die Realität selbst. Daten und Fakten sind nur schwer zu widerlegen.

Der Bezug auf empirische Belege stellt ein externes Begründungsverfahren dar. Denn im Gegensatz zur Begründung mit Bezug auf Anliegen, Werte oder Normen verfügt der Adressat noch nicht über diese Daten. Sie sind noch nicht Teil seines Meinungsnetzes. Vielmehr werden sie erst durch den Überzeuger präsentiert.

Wir nennen diese Art von Argument *Faktenargument.* Wie sehen das Begründungs- und das Schluss-Schema eines Faktenarguments aus?

Begründungsschema
A ist richtig, sinnvoll, ratsam,
weil A von den Daten X gestützt wird.

Schluss-Schema
A wird von den Daten X gestützt.
Daher: A ist richtig, vernünftig, ratsam.

In Faktenargumenten bezieht man sich auf nachprüfbare Daten und Fakten. Entscheidend bei Faktenargumenten ist, dass die genannte Datenbasis groß genug ist. Ein einzelner Fall stellt meistens eine zu geringe Datenbasis für ein Faktenargument dar.

BEISPIEL

Maria: Ich würde den Urlaub für dieses Jahr am liebsten jetzt schon buchen. Was meinst du?

Herbert: Warum denn? Wir haben doch die Jahresplanung in unserer Firma noch nicht ganz abgeschlossen.

Maria: Ja, das ist richtig. Aber in den letzten drei Jahren hatten wir immer große Probleme, kurzfristig eine Reise zu buchen, und ich habe in der Zeitung gelesen, dass bereits 30 Prozent aller Urlaubsziele ausgebucht sind. Deshalb mein Vorschlag, in diesem Jahr erheblich früher als sonst zu buchen.

Maria begründet ihren Standpunkt mit Bezug auf zwei Fakten: die persönlichen Erfahrungen in den letzten drei Jahren und die Information aus der Zeitung.

BEISPIEL

Peter, der Marketingleiter der Elektronikfirma Escis, kommt durch eine genaue Faktenananalyse zu dem Schluss, dass Escis mehr Augenmerk auf Produkt B legen und Produkt A nach und nach aufgeben sollte. Er argumentiert folgendermaßen: „Liebe Kollegen, ich habe mir die Kosten- und Einnahmenstruktur für unsere Produkte A und B mal genau angesehen. Ich habe dabei folgende Entdeckung gemacht: Abzüglich der Kosten für den Kauf von Materialien und Teilen haben wir im letzten Jahr 68 Millionen Euro eingenommen. Unsere Gesamtkosten – ohne Materialien und Teile – belaufen sich auf 56 Millionen Euro.

Mit unserem Produkt A haben wir Einnahmen in Höhe von zwölf Millionen Euro erzielt. Für A wurden jedoch 24 Prozent der gesamten Transaktionen aufgewendet. Deshalb beliefen sich seine wirklichen Kosten auf 13,5 Millionen Euro. Das bedeutet einen negativen Beitrag. Und das im Gegensatz zu den zwölf Prozent, die unsere Buchhaltungsstatistik ausweist. Das heißt, wir können dieses Produkt nur durch unwirtschaftliche Anstrengungen am Markt halten. Sehen wir uns dagegen Produkt B an: Trotz der ‚unbefriedigenden' Gewinnspanne von nur drei Prozent weist das Produkt einen Nettoeinkommensbeitrag von fast vier Millionen Euro auf, der größte Einzelbeitrag zum Gewinn. Es ging in ziemlich großen Mengen an eine kleine Anzahl wichtiger Kunden. Angesichts dieser Situation lautet mein Vorschlag, uns stärker auf Produkt B zu konzentrieren. Wie seht ihr das, liebe Kollegen?"

Peter stützt seine Argumentation durch eine Reihe von Fakten und Daten. Natürlich sind auch Fakten unterschiedlich interpretierbar, aber eine klare und saubere Datenbasis liefert in der Regel eine gute Begründungsbasis. Gerade in schwierigen Entscheidungssituationen können empirische Belege ein wichtiges Argument sein. Leider wird in Überzeugungssituationen viel zu selten überlegt, durch welche Tatsachen oder Fakten der eigene Standpunkt untermauert werden kann.

Wir möchten Ihnen noch ein Beispiel dafür geben, wie empirische Belege eine überzeugende Wirkung entfalten können. In seinem Buch „Ökonomie für den Menschen" beschreibt Amartya Sen die Ursachen für Hungersnöte. Unter anderem stellt er darin die These auf, dass Hungersnöte selbst dann auftreten können, wenn die Nahrungsmittelproduktion oder die Verfügbarkeit von Nahrungsmitteln gar nicht geringer ausgefallen ist (es ist ein Aspekt seiner These, dass Hungersnöte von weit mehr Faktoren abhängen als nur von der Produktion und der Verfügbarkeit). Dass diese These stimmt, belegt er durch die faktenreiche Schilderung einer Hungersnot.

BEISPIEL
„Die Hungersnot in Bangladesh von 1974 ist ein Beispiel dafür. Damals war die verfügbare Nahrungsmenge in Bangladesh pro Kopf größer als in den übrigen Jahren zwischen 1971 und 1976. Die Hungersnot brach aus, nachdem in einer Region aufgrund von Überschwemmungen viele Arbeitsplätze verloren gingen. Diese Überschwemmungen beeinträchtigten zwar die Nahrungsproduktion, als nämlich viele Monate später die Ernte viel geringer ausfiel (vor allem im Dezember), die Hungersnot selbst trat jedoch früher auf und war bereits vorüber, als die betroffenen Feldfrüchte reif geworden waren. Die Naturkatastrophe führte im Sommer 1974 bei den Landarbeitern zu unmittelbaren Einkommensverlusten; sie verloren die Löhne, die sie beim Reispflanzen und damit verbundenen Tätigkeiten verdient hätten und mit denen sie Nahrung hätten kaufen können. Der Hunger und die Panik vor Ort breiteten sich aus, verstärkt durch einen nervös gewordenen Markt und den

steilen Anstieg der Lebensmittelpreise aufgrund übertriebener Befürchtungen über die zu erwartende Lebensmittelknappheit [...]." (Amartya Sen, Ökonomie für den Menschen, S. 202 f.)

Wie argumentiert Sen? Er falsifiziert bzw. widerlegt mit diesem Beispiel die These, dass Hungersnöte dadurch entstehen, dass die Nahrungsproduktion oder die Verfügbarkeit der Nahrung abnehmen. Damit stützt er natürlich indirekt seine eigene These, dass Hungersnöte durch ein ganzes Bündel von Faktoren verursacht werden.

BEEINDRUCKEN SIE MIT EXPERTEN UND INSTITUTIONEN

Ein Spezialfall von Faktenargumenten sind die so genannten *Autoritätsargumente*. Dabei nimmt man Bezug auf Autoritäten. Die Berufung auf Fachleute gründet sich zum Beispiel auf unseren Glauben, dass die in der Regel Recht haben, wenn sie Aussagen auf einem Gebiet machen, in dem sie als Autorität anerkannt sind. Ein anschauliches Beispiel dafür sind Fußballgrößen wie Günther Netzer oder Paul Breitner, die von Sportredaktionen gerne als Kommentatoren eingesetzt werden: „Siehst du, der Netzer sagt das Gleiche wie ich, der muss es ja nun wirklich wissen, dass die Taktik in der ersten Halbzeit viel zu defensiv war!" Gerade an diesem Beispiel sieht man aber auch, dass Argumente nichts erzwingen können. Viele Zuschauer sehen die Dinge oft anders als Netzer oder Breitner und vertrauen bei ihrer Spielanalyse lieber auf den eigenen Fußballverstand: „Ach was, der sieht das halt durch die Brille des offensiven Mittelfeldregisseurs. Ich als Vorstopper kann dir sagen, dass unsere Jungs das genau richtig gemacht haben!" Wir gestehen gänzlich unzerknirscht, uns selbst schon dabei ertappt zu haben, der Meinung von Autoritäten ein beachtliches Trägheitsmoment entgegengestellt zu haben.

Bei Autoritätsargumenten muss es sich nicht immer um eine Berufung auf Personen handeln. Institutionen, Schriften oder Studien können genauso gut als Autoritäten fungieren.

BEISPIEL

In einem Artikel der FAZ vom 03.07.2002 über Freiheit und Glück heißt es: „In einer kürzlich abgeschlossenen Studie des Allensbacher Instituts zur

Werteorientierung der Bevölkerung zeigte sich, dass Personen, die sich in ihrem Leben frei fühlen, glücklicher und zufriedener sind als andere, ganz gleich, mit welcher Frage oder Skala die Zufriedenheit mit dem eigenen Leben gemessen wird. Dabei ließ sich der Zusammenhang zwischen Freiheit und Glück nicht nur in Deutschland, sondern auch in Frankreich und Großbritannien nachweisen, und er lässt sich nicht einfach durch andere Merkmale wie etwa Alter, Bildung oder soziale Schicht erklären. Dieser Befund deckt sich gut mit den Forschungsergebnissen des amerikanischen Psychologen Mihaly Csikszentmihalyi, der sich seit drei Jahrzehnten mit den Bedingungen eines glücklichen Lebens beschäftigt hat. Die allgemeine Vorstellung, dass Wohlstand, soziale Sicherung, Freizeit und Konsum die Menschen glücklicher machen, sei falsch. Lebenszufriedenheit entstehe dadurch, dass Menschen Herausforderungen annehmen und meistern, aktiv die eigenen Kräfte einsetzen, eigene Entscheidungen fällen. Dadurch wachsen die Kräfte, das Selbstbewusstsein und damit die Zufriedenheit. Die Voraussetzung dafür ist Handlungs- und Entscheidungsfreiheit.

Menschen, deren Entscheidungsfreiheit über ihr Leben gemindert ist, können nur schwer eigene Kräfte und ein eigenes Selbstbewusstsein entwickeln."

In dieser Passage wird die zentrale These auf eine Studie und eine Expertenmeinung gestützt. Es werden also zwei Autoritätsargumente benutzt.

BEACHTEN SIE BEI DER VERWENDUNG VON FAKTEN-ARGUMENTEN:
- Gerade analytisch ausgerichtete Adressaten werden durch empirische Belege besonders gut angesprochen. Zahlen, Daten und Fakten führen ein rationales und leicht überprüfbares Element in die Diskussion ein.

- Wo immer es geht, sollten Sie Ihre Argumentation durch Faktenargumente stützen. Suchen Sie konsequent nach Datenmaterial, das Ihren Standpunkt untermauert.

- Die Autorität, auf die Sie sich beziehen, sollte tatsächlich eine Autorität auf dem betreffenden Gebiet sein.

Suchen Sie nach Implikationen

Auch die letzte Variante von Argumentationsstrategien, die wir Ihnen vorstellen möchten, richtet sich besonders an den analytisch und systematisch denkenden Menschen. Diese Begründungsform weist wie die Faktenargumente eine gewisse Stringenz und Unabweisbarkeit auf. Nicht weil sie auf empirischen Daten aufbaut, sondern auf Logik.

Wir geben dieser Argumentationsstrategie den Namen *Implikation.* Sie zeichnet sich gerade dadurch aus, dass sie keine externen Belege benötigt. Vielmehr leitet man aus einer Aussage oder Position das ab, was rein logisch, definitorisch, bedeutungs- oder voraussetzungsmäßig in ihr steckt. Man sucht also nach Schlussfolgerungen, die sich aus der Bedeutung einer Aussage oder Gruppe von Aussagen ergeben.

Dass Max ein Junggeselle ist, impliziert, dass er unverheiratet ist.

Dass die Figur vor mir ein Rechteck ist, impliziert, dass sie vier Ecken hat.

Fritz ist deutscher Meister im Marathonlauf, also hat er eine gute Kondition.

Das sind Folgerungen, die sich aus den gegebenen Begriffen des Junggesellen, des Rechtecks und des Marathonmeisters leicht und zwanglos ableiten lassen. Wer würde sie bestreiten („Red keinen Unsinn! Max ist seit drei Jahren verheiratet und immer noch Junggeselle!" – Das wäre ein recht überraschender Konter und vielleicht der Einstieg in eine recht unterhaltsame Diskussion)?

Die Verwendung von Implikationsargumenten kann aber auch offenere Formen annehmen. Meistens wird durch eine Aussage ein größerer Bedeutungsrahmen aufgespannt. Und der wird durch eine Implikation genau geklärt, ausgelotet und aufgefächert. Die zentrale Frage, durch die ein Implikationsargument oft eingeleitet wird, lautet: Was heißt eigentlich …? Was setzt X logisch voraus?

Im Zuge der Beantwortung dieser Fragen werden Schlussfolgerungen möglich, die nicht von vornherein deutlich waren. Implikationsargumente kann man quasi vom Lehnstuhl aus führen, ohne einen faktenorientierten Blick auf die Welt werfen zu müssen. Deshalb sind diese Art von Argumenten auch die Lieblingsargumente der Philosophen.

Welche Strategie benutze ich als Überzeuger bei der Verwendung eines Implikationsarguments? Meine Strategie besteht darin zu zeigen, dass meine Position von einer anderen impliziert wird, die der Adressat akzeptiert oder akzeptieren sollte. Ich zeige also, dass mein Standpunkt im Grunde eine logische Folgerung einer vom Adressaten akzeptierten Position ist. Wer diese Position akzeptiert, ist automatisch auch auf meinen Standpunkt festgelegt. Damit das gelingt, muss man meistens die akzeptierte Position etwas explizieren und ausarbeiten.

> **Begründungsschema**
> *Standpunkt A ist richtig, ratsam, …,*
> *weil A von der (akzeptierten) richtigen Position B impliziert wird.*

> **Schluss-Schema**
> *A wird von der richtigen (akzeptierten) Position B impliziert.*
> *Daher: A ist richtig, ratsam, …*

Die Grundidee der Implikationsargumente lässt sich am besten an Beispielen demonstrieren. In unserem ersten Beispiel unterhalten sich die beiden Autoren dieses Buches über das Thema Entscheiden und in welchem Zusammenhang es mit dem Thema Überzeugen steht.

BEISPIEL:
A: Wir sollten uns in unserem Buch auch mit dem Thema Entscheiden beschäftigen.

B: Warum denn?

A: Überzeugen heißt doch, jemand akzeptiert die Behauptung oder den Standpunkt, den ich vertrete. Richtig?

B: Ja, richtig.

A: Wichtig ist dabei, er akzeptiert es aus freien Stücken.

B: Stimmt.

A: Und das heißt doch nichts anderes, als dass er sich dafür entscheidet, meine Behauptung zu akzeptieren. Was meinst du?

B: Da ist was dran.

A: Und das zeigt uns doch Folgendes: Wie Menschen sich entscheiden, steht in Zusammenhang mit dem Thema Überzeugen. Deshalb sollten wir unbedingt auch das Thema Entscheiden in unser Buch integrieren.

A baut sein Argument auf, indem er überlegt, was Überzeugen eigentlich genau beinhaltet. Seine schrittweise Beweisführung baut nicht auf Daten oder Fakten auf, sondern ist rein logischer Natur.

Auch in unserem nächsten Beispiel macht der Überzeuger Gebrauch von einem Implikationsargument.

BEISPIEL
Helmut: „Wenn wir jetzt zuerst unsere Organisationsstruktur verändern und danach unsere Abläufe, kann es sein, dass wir Probleme bekommen. Denn das würde heißen, wir müssten die Abläufe der Struktur anpassen. Wir haben aber gesagt, dass unsere Abläufe radikal aus Kundensicht betrachtet werden sollten. Wir zäumen also das Pferd von hinten her auf, wenn wir uns zuerst mit der Frage der Struktur beschäftigen."

Der wichtigste Ausgangspunkt eines Implikationsarguments besteht in der Frage: Durch welche allgemeinere Position wird mein Standpunkt impliziert und damit abgesichert?

In Implikationsargumenten spielen also logische Folgerungsbeziehungen die entscheidende Rolle. Dabei ist es nicht notwendig, dass Sie Ihren Standpunkt nur aus einer einzelnen Aussage abzuleiten versuchen. Mehrere Aussagen zusammengenommen können Ihren Standpunkt implizieren.

BEISPIEL
Sven und Claudio diskutieren über Ethik. Sven ist der Meinung, dass es viele ethische Tatsachen gibt, die man einfach intuitiv weiß. Sie stellen ein intuitives Wissen dar.

Sven: *Wir beide glauben doch, dass es ethische Tatsachen gibt. Und dass wir ein Wissen von diesen ethischen Tatsachen haben. Zum Beispiel, dass Mitleid gut und richtig ist.*

Claudio: *So weit stimme ich dir zu.*

Sven: *Jetzt stellt sich doch die Frage, woher wir dieses Wissen haben.*

Claudio: *O. k. Das ist eine vernünftige Frage.*

Sven: *Ich glaube nicht, dass wir allein aus der Erfahrung heraus wissen, dass Mitleid richtig ist. Unsere Erfahrungen allein könnten uns kein solches Wissen liefern. Und andererseits kommen wir auch mit rein verstandesmäßigen Überlegungen nicht zu einem solchen Wissen. Und wenn das alles richtig ist, dann impliziert dies, dass wir eine ganz andere Wissensquelle haben müssen – nämlich die Intuition.*

WELCHEN VORTEIL BRINGT EIN IMPLIKATIONSARGUMENT?
Da Implikationsargumente auf Logik bauen, zeichnen sie sich durch ein hohes Maß an Prägnanz und Klarheit aus. Sie helfen dabei, eine Position sauber und präzise zu strukturieren. Gekonnt eingesetzt scheinen sie fast wasserdicht zu sein. Sie weisen eine hohe Stichhaltigkeit auf und stellen wie im Schachspiel eine Art erzwungenen Zug dar. Das heißt, der Adressat wird gewissermaßen „gezwungen", die Schritte in der Argumentation mitzugehen. Je analytischer und systematischer

der Adressat denkt, desto wirkungsvoller ist natürlich ein Implikationsargument. Aber Vorsicht! Gerade diese Stringenz kann fatale Folgen für den Überzeuger haben. Dem griechischen Philosophen Sokrates gelang es immer wieder, durch geschickten Einsatz von Implikationsargumenten die Meinungsnetze seiner Adressaten auf verwirrende Weise zu verknoten – bekanntlich wurde er von den Athenern dafür zum Tode verurteilt.

Im folgenden Beispiel sehen wir noch einmal diese Argumentationstrategie am Werk.

BEISPIEL
C. Christian von Weizsäcker versucht in seinem Buch: „Die Logik der Globalisierung" aufzuzeigen, dass sich das so genannte Stakeholder-Prinzip am Status quo orientiert und das Shareholder-Prinzip veränderungsfreundlich ist. Wie ist seine Argumentation strukturiert?

Im ersten Schritt erläutert er, was das Stakeholder-Modell genau bedeutet: „Es geht um die so genannten Stakeholder eines Unternehmens, deren Zielen die Unternehmensleitung unterzuordnen ist. Diese Stakeholder sind neben den Aktionären die Mitarbeiter, dann aber auch der Staat als Nutznießer der Steuerkraft des Unternehmens, die Kunden als Nutznießer seiner Produkte, die Ortschaften, in denen das Unternehmen Produktionsstätten hat." (Die Logik der Globalisierung, S. 105)

Im nächsten Schritt fragt er, was es heißt, die Unternehmensführung von den Interessen der Stakeholder abhängig zu machen. Was impliziert dies genau? Es impliziert, dass der Status quo festgeschrieben wird. Denn alle Stakeholder sind ja definiert durch den Status quo des Unternehmens.

„Es geht hier um die Inhaber der jetzigen Arbeitsplätze, nicht um die nicht konkretisierbaren Inhaber potenzieller künftiger Arbeitsplätze. Es geht um die heutigen Kunden, nicht um die nicht konkretisierbaren potenziellen neuen Kunden. Es geht um die Ortschaften mit heutigen Produktionsstandorten, nicht um die nicht konkretisierbaren Ortschaften künftiger Standorte." (S. 105)

Aus dieser Situationsbeschreibung leitet von Weizsäcker schließlich ab, dass jede Veränderung ein mühsamer Verhandlungsprozess wäre, der die Interessen aller Beteiligten zu berücksichtigen hätte.

„Der Status quo als der Zustand, der einfach da ist, hätte, wie in der Politik, eine übergroße Überlebensschance." (S. 106)

Von Weizsäckers Argumentationsschritte:

1. Das Stakeholder-Modell ist am Status quo orientiert und damit veränderungsfeindlich.

2. Im Stakeholder-Modell wird die Unternehmensleitung von den Interessen der verschiedenen Stakeholder abhängig gemacht.

3. Die Stakeholder sind durch den Status quo des Unternehmens definiert und daher sind auch deren Interessen am Status quo orientiert.

4. Der Status quo bekommt eine starke Dominanz und Veränderungen sind nur durch einen mühsamen Verhandlungsprozess möglich.

BEACHTEN SIE BEI DER VERWENDUNG VON IMPLIKATIONS-ARGUMENTEN:

- Ihre Implikationsargumente sind umso wirkungsvoller, je transparenter Sie die einzelnen Zwischenschritte gestalten.

- Legen Sie die Zwischenschritte so an, dass der Adressat mit „Ja, das stimmt!" darauf reagieren kann. Nach dieser Zustimmung führen Sie ihn durch Logik zum nächsten Schritt.

- Am wirkungsvollsten sind Implikationsargumente bei einem analytischen Adressaten. Aber auch weniger analytisch ausgerichtete Menschen fasziniert die Stringenz und Ästhetik eines logischen Arguments.

Wir haben Ihnen einige Begründungs- und Schlussstrategien vorgestellt, die aus unserer Erfahrung heraus wirkungsvolle Elemente einer Push-Strategie darstellen. Die diversen Begründungsformen lassen sich natürlich kombinieren. In der Kombination entfalten sie zusätzliche Stärke. Hier noch einmal im Überblick die einzelnen Aspekte.

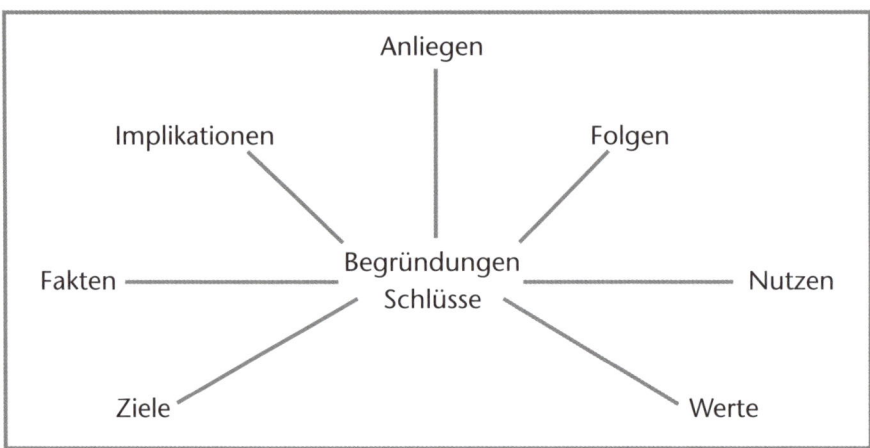

Wann empfiehlt sich welche Strategie?

Wir haben bei unseren Argumentationsstrategien zwischen Begründungen und Schlüssen unterschieden. Kann man allgemein sagen, wann welche Argumentationsstrategie besser geeignet ist?

WENN SIE GLEICH ZUR SACHE KOMMEN WOLLEN
Die Antwort ist teilweise von meiner Zielsetzung als Überzeuger abhängig. Wenn ich schnell meinen Standpunkt beziehen und Flagge zeigen möchte, ist es besser, Begründungen zu liefern. Ich möchte den Adressaten sofort mit meiner Meinung konfrontieren, vielleicht um ihn zu überraschen oder ihn ein wenig zu „provozieren". Wenn ich meinen Standpunkt sofort klar mache, sieht der Adressat auch, auf welcher Position ich genau stehe. Das schafft eine hohe Transparenz im Gespräch und kann dazu dienen, die Fronten von vornherein zu klären.

In Situationen, in denen dem Überzeuger also nur wenig Zeit zur Verfügung steht, kann die Strategie: „Erst der Standpunkt, dann die Begründung" sinnvoll sein. Faktenargumente eignen sich für diese Strategie besonders gut. Denn die externen Beweise zementieren gewissermaßen meinen schon genannten Standpunkt. Aber die letzte Aussage ist nur eine Vermutung von uns. Wir können sie nicht empirisch nachweisen.

WENN SIE MIT VIELEN WIDERSTÄNDEN RECHNEN
Schlüsse nehmen den Adressaten auf eine Reise mit, an deren Ende meine zentrale Behauptung steht. Diese Argumentationsstrategie kann in kniffligen Situationen sinnvoll sein, in denen man vielleicht vorsichtig argumentieren muss, weil man mit einer Reihe von Widerständen zu rechnen hat. Ich hole mir zuerst die Zustimmung meines Adressaten zu den Annahmen, die ich mache, und ziehe dann die entsprechende Schlussfolgerung. Je nach Reaktion des Adressaten könnte man dann noch vorzeitig gegensteuern und – wenn nötig –zusätzliche Aspekte beleuchten. Mein Ziel bei einem Schluss lautet, den Adressaten langsam meiner Position anzunähern. Die Widerstandsschwelle wird dadurch möglicherweise niedriger. Beide Argumentationsrichtungen haben ihren Wert.

Unsere Empfehlung: Probieren sie es einfach aus! Nur so können Sie ein immer besseres Gespür dafür entwickeln, wann Sie auf welche Strategie zurückgreifen sollten. Patentrezepte können wir auch hier nicht liefern; zu viel hängt von der Persönlichkeit der Gesprächspartner, den Rahmenbedingungen, der Stimmung im Gespräch usw. ab.

Zum Schluss wollen wir Ihnen zur Vorbereitung Ihrer Argumentation eine kleine Checkliste an die Hand geben. Sie werden nach der Beantwortung der einzelnen Fragen erkennen, welche Strategie für Ihre Zwecke die geeignete ist.

Welche Begründungsstrategie ist geeignet?

- Lässt sich Ihr Standpunkt mit Bezug auf positive oder negative Folgen stützen?
- Welcher Nutzen wird für den Adressaten durch Ihren Standpunkt gestiftet?
- Leistet Ihr Standpunkt einen Beitrag zur Erreichung eines (gemeinsamen) Ziels?
- Ist Ihr Standpunkt Ausdruck eines gemeinsamen Ziels?
- Kann Ihr Standpunkt durch vom Adressaten akzeptierte Werte und Prinzipien begründet werden?
- Gibt es wichtige Normen, durch die Ihr Standpunkt gestützt werden kann? Trägt Ihr Standpunkt zur Einhaltung einer Norm bei?
- Gibt es eine für den Adressaten relevante subjektive Begründung Ihres Standpunkts, durch die Ihre Motive transparent werden?
- Werden durch Ihren Standpunkt wichtige Anliegen getroffen?
- Gibt es empirische Belege (Zahlen, Daten, Fakten), die Ihren Standpunkt untermauern?
- Können Sie Ihren Standpunkt durch Bezugnahme auf eine Autorität stützen?
- Wird Ihr Standpunkt durch eine allgemeinere, akzeptierte Position impliziert? Ist mein Standpunkt also eine logische Folgerung aus einer akzeptierten Position?

Präsentationsstrategien: Auch die Verpackung ist wichtig

Die präzise Argumentation allein reicht nicht immer aus, um jemanden für den eigenen Standpunkt zu begeistern. Häufig werden gute Argumente sogar geflissentlich ignoriert. Das ist traurig für jeden rational denkenden Menschen – oft sogar mehr als das, nämlich zum Haareraufen –, aber leider die Realität.

Oft ist es die Art und Weise, wie Argumente vorgebracht werden, die deren Überzeugungskraft mindert: Langatmigkeit, verwickelter Aufbau („Laokoon im Kampf mit der Wortschlange"), Formulierungen, die den Adressaten vor den Kopf stoßen oder einschläfern („Oh Mann, will der mich in den Schlaf reden und dann ausrauben?") usw. Wir alle klinken uns immer wieder aus den verschiedensten Gründen aus Überzeugungsgesprächen aus.

Deshalb sollten Sie Ihre Argumentation so präsentieren, dass es dem Adressaten leicht gemacht wird, Ihnen zu folgen – und dass er dies gerne tut. Salopp formuliert: Auch die Verpackung Ihrer Argumente muss stimmen. Eine interessante und angemessene Präsentation Ihres Standpunkts sorgt dafür, dass er vom Adressaten besser und leichter nachvollzogen werden kann und er sich intensiver damit auseinander setzt. Das gelungene Zusammenspiel von vernünftiger Argumentation und anschaulicher Präsentation erhöht also Ihre Überzeugungskraft. Und genau darum geht es in diesem Kapitel: Wie kann ich meine Argumente so präsentieren, dass der Adressat gerne zuhört und sich wirklich damit auseinander setzt?

Entwickeln Sie eine packende Dramaturgie

Was kann ich konkret tun, um es dem Adressaten leicht zu machen, meine Argumente zu verstehen? Das Zauberwort heißt „Struktur"! Sie müssen sich Schritt für Schritt wie auf einer Leiter zum Argumentationsziel, das Sie erreichen möchten, hinbewegen. Es gibt verschiedene

Modelle, die Sie für die Strukturierung Ihrer Argumentation einsetzen können. Wir nennen sie *Argumentationsleitern.*

Wir stellen Ihnen vier Argumentationsleitern vor:

- Problemlösungsaufbau
- Entscheidungsaufbau
- Pro-und-Kontra-Aufbau
- Standpunktaufbau

Alle Modelle lassen sich nicht nur für längere Präsentationen nutzen, sondern auch für Kurz- und Blitzpräsentationen, wenn man also zum Beispiel nur 59 Sekunden Zeit hat, um seinen Standpunkt darzustellen. In vielen Situationen (Besprechungen, Konferenzen, Diskussionen, Vier-Augen-Gespräche usw.) gibt es Phasen, in denen es darauf ankommt, seine Position möglichst kurz und klar vorzustellen. Für solche Situationen eignen sich diese Argumentationsleitern.

Nutzt man diese Modelle gezielt zum Beispiel in Besprechungen, hat dies auch einen rein pragmatischen Vorteil. Unserer Erfahrung nach werden nämlich die Personen, denen es gelingt, in kurzer Zeit das Wesentliche zu sagen, öfter zu Stellungnahmen eingeladen. Man hört diesen Leuten außerdem viel lieber zu als Viel- und Langrednern. Wenn Sie die Fähigkeit ausbauen, Ihren Standpunkt strukturiert und kurz zu präsentieren, haben Sie deshalb in der Regel wesentlich öfter die Möglichkeit, Ihre Anliegen vorzubringen. Beginnen wir zuerst mit dem Problemlösungsaufbau. Er ist folgendermaßen gestaltet:

Der Problemlösungsaufbau

Ausgangssituation	Schildern Sie die Probelmanlage: Wo drückt der Schuh?
Zentrale Botschaft	Wie sieht die Lösung des Problems aus?
Begründung	Wie kann die zentrale Botschaft begründet werden?
Schlusspunkt	Schließen Sie mit der Schlussfolgerung oder einem Aufruf zum Handeln oder der Ankündigung weiterer Handlungen etc.

Der erste Schritt besteht darin, die *Ausgangssituation* klar und deutlich darzustellen. Betonen Sie diejenigen Aspekte, die für den Adressaten von Bedeutung sind. Die Grundidee ist dabei, dass durch die Problembeschreibung beim Adressaten ein Lösungswunsch oder zumindest ein Interesse geweckt wird. Ideal ist es, wenn der Adressat gedanklich mitgeht und sozusagen im Stillen für sich formuliert: „Stimmt, das ist ein Problem, das gelöst werden sollte."

Im zweiten Schritt formulieren Sie Ihre *zentrale Botschaft*, also das, wovon Sie Ihren Adressaten überzeugen wollen. Ihre These wird als Lösung der Situation oder des Problems vorgestellt. An dieser Stelle kann es ratsam sein, den Vorschlag etwas zu präzisieren, damit der Adressat genau weiß, worum es geht.

Nun kommt die *Begründung* für Ihre These oder Ihren Vorschlag. Hier können Sie zum Beispiel eine der Begründungsformen aus dem letzten Kapitel einsetzen. Den *Schlusspunkt* können Sie auf unterschiedliche Art und Weise setzen: Sie fassen noch einmal das Wesentliche zusammen, Sie geben einen Ausblick, Sie fordern zum Handeln auf usw. Wichtig ist dabei vor allem, die Präsentation markant und deutlich

abzuschließen. Ein oft beobachteter Fehler an dieser Stelle: Der Überzeuger hört auf zu reden und alle fragen sich, ob es jetzt zu Ende ist,
wie es weitergehen soll und was er eigentlich sagen will.

BEISPIEL

*Lothar möchte seine Teamkollegen dafür gewinnen, ein Team-Entwicklungs-
seminar durchzuführen. Er benutzt dazu den Problemlösungsaufbau: „In
den letzten Monaten haben sich die Probleme bei uns im Team gehäuft. Ich
glaube, jeder hat das mitbekommen. In der letzten Woche war es so brisant,
dass sogar zwei Kunden unsere Streitigkeiten miterlebt haben. Wie ich
gestern gehört habe, überlegen diese Kunden nun ernsthaft, zu einem anderen Unternehmen zu gehen, in dem die Dinge reibungsloser klappen. Wenn
ich mich mit Leuten aus dem Team unterhalte, dann klagt jeder, dass die
Stimmung extrem schlecht ist und man mit niemandem mehr richtig reden
kann. Es ist also einiges faul bei uns. Ich glaube, da spreche ich jetzt keinen
überraschenden Punkt für euch an.*

*Ich habe nun einen Vorschlag: Wir ziehen uns einmal für zwei Tage zu
einem gemeinsamen Workshop zurück. Außerhalb der Firma, wo wir unge-
stört sind und in Ruhe arbeiten können. Wir laden uns dazu einen Modera-
tor ein, der uns beim Workshop unterstützt. Auf diesem Workshop legen wir
dann alle Sachen auf den Tisch, die uns stören. Der Vorteil einer solchen Ver-
anstaltung wäre: Wir könnten alle Punkte gemeinsam besprechen, gemeinsam nach Lösungen suchen und in Zukunft vielleicht wieder konstruktiver
zusammenarbeiten. Was meint ihr?"*

Lothar beginnt in diesem Beispiel mit einer Beschreibung der Situation. Er erwähnt dabei, dass Kunden einen Teamkonflikt miterlebt
haben und nun erwägen abzuspringen. Das unterstreicht natürlich die
Dringlichkeit einer Problemlösung. Danach unterbreitet Lothar seinen
Vorschlag und präzisiert ihn etwas. Er begründet seinen Vorschlag mit
einem Folgenargument. Den Abschluss bildet eine Frage an seine Kollegen.

DER PROBLEMLÖSUNGSAUFBAU EMPFIEHLT SICH, WENN SIE
• davon ausgehen können, dass Ihr Vorschlag ein Problem löst, das
  dem Adressaten am Herzen liegt;

- einen „Ja, genau!"-Effekt erzielen wollen. Durch die Beschreibung der Ist-Situation, in die der Adressat in irgendeiner Form involviert ist, gehen Sie intensiver auf den Adressaten ein. Für Ihre Idee ist gewissermaßen der Boden schon bereitet;

- einerseits auf eine gewisse Schlüssigkeit und Stringenz Wert legen, andererseits aber so offen argumentieren wollen, dass sich der Adressat ermuntert fühlt, mit Ihnen gemeinsam nach Lösungen zu suchen.

Eine Variante des Problemlösungsaufbaus ist der Entscheidungsaufbau. Er hat folgende Struktur:

Der Entscheidungsaufbau

Ausgangssituation	Schildern Sie die Probelmanlage: Wo drückt der Schuh?
Die wichtigsten Lösungs-alternativen	Welche Handlungsoptionen stehen zur Verfügung?
Kriterienauswahl	Welche Ziele und Kriterien sind von Bedeutung?
Lösungsauswahl	Welche Option kommt auf Basis der Kriterien in Frage?
Schlusspunkt	Fordern Sie zum Handeln auf oder geben Sie einen Ausblick.

Der Entscheidungsaufbau hat eine ähnliche Gestalt wie der Problemlösungsaufbau. Auch hier wird im ersten Schritt die **Problemsituation** dargestellt. Danach präsentiert man die **Optionen,** also die verschiedenen Handlungsmöglichkeiten, die das Problem lösen könnten.

Es folgt eine entscheidende Phase: Man stellt die **Hauptkriterien** oder Anforderungen vor, denen eine Lösungsoption standhalten muss. Diese Kriterien bilden dann die Begründungsbasis im Schritt **Lösungsauswahl.**

Der **Schlusspunkt** kann wieder eine Aufforderung sein, ein Blick in die Zukunft, eine Zusammenfassung, ein Fazit usw. Die Reihenfolge der Schritte „Kriterien" und „Wichtigste Lösungsalternativen" kann in diesem Modell auch getauscht werden.

BEISPIEL
Maria und Helmut, zwei alte Bekannte, die sich länger nicht gesehen haben, sind in der Stadt verabredet. Helmut muss am Abend jedoch noch weiterfahren und seinen Zug erwischen.

Maria: „*Die Frage ist jetzt, wohin wir gehen. Es gäbe zwei Möglichkeiten. Das erste Restaurant ist in der Nähe des Bahnhofs, aber um diese Zeit ziemlich voll und laut. Das zweite ist ein bisschen weiter weg, aber sehr ruhig und angenehm. Da wir aber schnell am Bahnhof sein müssen, schlage ich vor, dass wir in das Restaurant in Bahnhofsnähe gehen. Ist das o. k.?"*

Maria benutzt hier den Entscheidungsaufbau. Das Problem ist schnell auf den Punkt gebracht: Wohin soll man gehen? Maria präsentiert zwei Optionen und führt dann eine Entscheidung zu Gunsten einer Option herbei. Ihre Begründung besteht aus einem zentralen Kriterium, nämlich schnell am Bahnhof sein zu müssen.

DER ENTSCHEIDUNGSAUFBAU EMPFIEHLT SICH, WENN SIE
- eine Entscheidung begründen oder für eine bestimmte Option plädieren möchten. Möglicherweise stehen schon bestimmte Optionen im Raum. Diese greifen Sie nun auf, wählen aber gezielt eine Option aus;

- selbst Optionen vorschlagen. Nennen Sie aber nicht zu viele Optionen, da es sonst schwer fällt, den Überblick zu behalten;

- die Vollständigkeit und damit die Objektivität Ihrer Argumentation unterstreichen wollen: Sie haben alle in Frage stehenden Optionen geprüft und sind nach reiflicher Überlegung zu einem gut begründeten Schluss gekommen.

Ein Klassiker unter den Gliederungsmöglichkeiten für die Präsentation des eigenen Standpunkts ist der Pro-und-Kontra-Aufbau. Er hat folgende Struktur:

Der Pro-und-Kontra-Aufbau

Einleitung	Worum geht es?
Pro	Was spricht dafür?
Kontra	Was spricht dagegen?
Vergleich und Wertung	Welche Seite wiegt schwerer?
Schlusspunkt	Was folgt daraus?

Nach der *Einleitung,* die klar macht, worum es in der folgenden Argumentation gehen soll, werden die *Pro- und Kontra-Seiten* beleuchtet. Beide Seiten werden dann einer *Wertung* unterzogen und am Ende wird die *Schlussfolgerung* noch einmal deutlich herausgestrichen.

BEISPIEL:
Klaus will seine Familie für einen Urlaub auf Korsika begeistern: „Lasst uns doch gemeinsam nach Korsika fahren. Der Vorteil wäre, dass wir dort alle unsere Freizeitinteressen verwirklichen könnten. Papa könnte wandern, Oma Motorrad fahren, du, Susi, könntest am Strand liegen und ich könnte tauchen. Sicher es ist teurer als ein Urlaub in Garmisch, aber ich glaube, am wichtigsten ist, dass wir alle Spaß dabei haben. Also gebt euch einen Ruck."

Klaus steigt gleich mit einer konkreten Aufforderung ein. Dann beleuchtet er die Vorteile einer Reise nach Korsika, indem er darauf aufmerksam macht, dass jeder dort seine Interessen verwirklichen kann. Auf der Kontra-Seite erwähnt er die höheren Kosten. Er betont aber noch einmal, dass es vor allem um den gemeinsamen Spaß geht, und damit die höheren Kosten gerechtfertigt sind.

DER PRO-UND-KONTRA-AUFBAU EMPFIEHLT SICH, WENN SIE
- dem Gegner den Wind aus den Segeln nehmen wollen. Indem Sie die Argumente des Gegners vorwegnehmen, können Sie ihn viel effektiver widerlegen, als wenn diese erst im Lauf des Gesprächs nach und nach auf ihn „abgeschossen" werden;

- Objektivität und Realitätssinn unterstreichen wollen. Es zeigt Ihrem Adressaten, dass Sie sich nicht nur mit der Seite beschäftigen, für die Sie stehen, sondern auch mit der anderen, der „gegnerischen" Seite. Gerade bei einem eher kritischen Publikum ist dies eine wirkungsvolle Vorgehensweise.

Nun ist die Frage, in welcher Reihenfolge Sie eine Pro-und-Kontra-Argumentation aufbauen sollten. Es gibt drei Möglichkeiten:

a) Sie starten zuerst mit der Pro- und dann mit der Kontra-Seite;

b) Sie bringen zuerst die Kontra- und dann die Pro-Argumente;

c) Sie mischen Pro- und Kontra-Argumente.

Experimente haben gezeigt, dass es oft am wirkungsvollsten ist, wenn man zuerst mit den Pro-Argumenten startet und dann die Kontra-Argumente bringt. Das macht aber nur eine Tendenz deutlich und gilt natürlich nicht für alle Situationen. Am besten orientieren Sie sich bei dieser Frage am eigenen Gefühl und den eigenen Erfahrungen, wie Sie in der konkreten Situation Ihre Argumentation aufbauen sollten.

Als letzte Argumentationsleiter betrachten wir den Standpunktaufbau. Er hat folgende Gliederung:

Der Standpunktaufbau

Mein Standpunkt	Wofür stehe ich?
Begründung	Was spricht für meinen Standpunkt?
Veranschaulichung	Welche Beispiele stärken meinen Standpunkt?
Schlussfolgerung	Was folgt aus der Begründung und den Beispielen? (Noch einmal: mein Standpunkt).
Schlusspunkt	Was ist jetzt zu tun? Wie geht es weiter?

Beim Standpunktaufbau legen Sie sofort mit Ihrem **Standpunkt** los. Sie fackeln nicht lange und präsentieren Ihre Position klar und konturiert. In den nächsten Schritten führen Sie Ihre **Begründung** an und **veranschaulichen** diese durch ein zugkräftiges **Beispiel**. Danach wiederholen Sie Ihren **Standpunkt als Schlussfolgerung** aus Begründung und Beispiel. Den **Schlusspunkt** liefert zum Beispiel wieder eine deutliche Aufforderung zum Handeln.

BEISPIEL

Bei der Centaurus Rex AG, einem jungen IT-Unternehmen, überlegt man, eine Mitarbeiterbefragung im Haus durchzuführen. Auf der Besprechung der Abteilungsleiter entbrennt eine hitzige Debatte darüber. Einige halten eine Befragung für überflüssig, andere sind von der Idee begeistert. Ludwig, ein Befürworter, bezieht noch einmal Stellung: „In meinen Augen könnte eine Befragung hilfreich sein. Denn wir würden eine Reihe von Verbesserungsmöglichkeiten finden und wir als Führungskräfte könnten uns einmal ein Feedback einholen. Im letzten Unternehmen, in dem ich war, haben wir allein durch die Befragung Einsparungen in Höhe von zwei Millionen Euro erzielt. Nur durch die Vielzahl von Verbesserungsideen, die durch die Befra-

gung zutage gefördert wurden. Ich halte es daher für sinnvoll, eine Befragung durchzuführen. Es schadet uns gar nicht, die Leute ins Boot zu holen."

Ludwig formuliert zu Anfang klar seinen **Standpunkt.** Er gibt eine **Begründung** mithilfe eines Folgenarguments und bestätigt dieses durch ein **Beispiel.** Dann bringt er alles noch einmal durch die ***Wiederholung seiner These*** auf den Punkt.

DER STANDPUNKTAUFBAU EMPFIEHLT SICH, WENN SIE
- nicht viel Zeit haben und daher zügig Ihre Position darstellen müssen;

- Ihren Standpunkt kurz zusammenfassen wollen;

- offen Flagge zeigen möchten;

- den Adressaten beeindrucken wollen. Dieser Aufbau zeugt von Selbstbewusstsein und Engagement.

Wo stehen wir jetzt? Wir haben vier Argumentationsleitern betrachtet, die Sie in unterschiedlichen Situationen einsetzen können. Natürlich ist es möglich, diese miteinander zu kombinieren. Sie könnten zum Beispiel den Problemlösungsaufbau mit dem Pro-und-Kontra-Aufbau verknüpfen. Nach einer Schilderung der Problemsituation und der Vorstellung der „Lösungsthese" flechten Sie in den Begründungteil eine Pro-und-Kontra-Argumentation ein. Entscheidend ist nicht, dass Sie sich exakt an ein vorgegebenes Schema halten. Worauf es ankommt, ist, dass Sie Ihre Argumentation klar, deutlich und übersichtlich strukturieren.

Argumentieren Sie glasklar

Eine präzise und leicht nachvollziehbare Struktur ist die Basis für adressatengerechte Argumentation. Die folgenden Anregungen zeigen, was Sie darüber hinaus noch konkret tun können, um es dem Adressaten leicht zu machen, Sie und Ihre Argumente zu verstehen und zu akzeptieren.

Stellen Sie kluge Fragen

Eine gute Möglichkeit, die Präsentation Ihres Standpunkts noch übersichtlicher zu gestalten, ist der Einsatz von Fragen.

> Fragen können einzelne Passagen einleiten oder neue Themen aufgreifen. Gleichzeitig erhöhen Fragen die Aufmerksamkeit, weil sie zum Nachdenken anregen.

BEISPIEL
Herbert bespricht mit seinem Vorgesetzten die Konfliktlage in seinem Team: „Jeder ist frustriert und mit der Situation äußerst unzufrieden. Was können wir tun? Ich denke, es gibt drei Alternativen …"

Herbert macht die Struktur seiner Argumentation durch die Frage: „Was können wir tun?" deutlich. Er stellt im Folgenden die Alternativen vor, dann fährt er fort:

„… das sind also unsere Handlungsoptionen. Die Frage ist nun: Welche davon ist für uns die beste Alternative?"

Auch hier stellt Herbert wieder eine Frage. Dadurch schlägt er zwei Fliegen mit einer Klappe: Er gliedert seine Argumentation sehr deutlich und regt den Adressaten zum Nach- bzw. Mitdenken an.

Geben Sie einen Überblick

Oft ist es sinnvoll, zu Beginn einen Überblick zur folgenden Argumentation zu geben und damit für die Adressaten einen deutlich sichtbaren roten Faden auszurollen. Es hilft für das weitere Verständnis enorm, das Gehörte in einen Bezugsrahmen, eine nachvollziehbare Gliederung einordnen zu können. Wir alle haben uns während Vorträgen oder Präsentationen schon oft diese Frage gestellt: „Wie hängt das eigentlich alles zusammen?" Und selten genug finden wir eine klare Antwort. Das Resultat: Die Gedanken schweifen ab, man erinnert sich an den letzten Urlaub, plant den morgigen Tag usw. Ihre Adressaten werden eine Orientierungshilfe also zu schätzen wissen.

BEISPIEL
In der Produktion der ZetaX GmbH sind wiederholt Störungen aufgetreten. Jürgen, der für die Produktion verantwortliche Ingenieur, präsentiert dem Management-Komitee sein Vorgehen bei der Fehleranalyse: „Wie werde ich die Analyse durchführen? Wir sehen uns zuerst noch einmal das Problem genau an. Dann möchte ich einige Ursachen aufzeigen, die wir identifiziert haben. Und schließlich werde ich auf die Hauptursache zu sprechen kommen. Meine These ist: Wenn wir diese Hauptursache in den Griff bekommen, verbessern wir unsere Produktionssituation erheblich."

Jürgen gibt einen klaren Überblick über die Struktur seines Vorhabens. Der Adressat verfügt damit über einen roten Faden, der ihn sicher zu Jürgens Argumentationsziel führt.

Fassen Sie häufiger zusammen

Eine klare Zusammenfassung am Ende oder Zwischenzusammenfassungen bei längeren Ausführungen stellen das Wichtigste noch einmal klar und deutlich heraus. Gerade bei längeren oder schwierigen Präsentationen sollten Sie konsequent und regelmäßig Zwischenzusammenfassungen einbauen. Sie sind wichtige Hilfen für die Adressaten, um sich besser an das Gehörte zu erinnern. Für Sie als Überzeuger ist es übrigens ebenso von Nutzen, immer wieder mithilfe von Zwischenzusammenfassungen den roten Faden herauszustellen. Sie zwingen sich dadurch selbst, eine klare Struktur in Ihren Gedankengang zu bringen.

BEISPIEL
Greifen wir noch einmal die Präsentation von Jürgen bei der ZetaX GmbH auf. Jürgen hat seine Ursachenanalyse abgeschlossen und gibt nun eine Zwischenzusammenfassung. Diese leitet er durch eine Frage ein: „So, wo stehen wir im Moment? Lassen Sie mich die Ergebnisse der ersten zwei Schritte auf den Punkt bringen."

Kündigen Sie Wichtiges an

Erfolgreiche Überzeuger und Verhandler kündigen gerne an, was sie als Nächstes tun werden. Zum Beispiel einen Vorschlag machen, ein Angebot unterbreiten oder etwas erklären. Auch dies dient der Transparenz. Der Adressat weiß so ganz genau, was ihn erwartet und wie er es einzuordnen hat. Manchmal ist ihm nämlich nicht klar, ob es sich bei dem Gesagten um einen Vorschlag, ein Angebot, ein Beispiel oder einen verbindlichen Lösungsvorschlag handelt. Wenn der Adressat rätseln muss, was der Überzeuger mit seiner Äußerung gemeint hat, ist er nicht mehr bei der Sache. Möglicherweise gehen wichtige Dinge dabei unter.

BEISPIEL
Jürgen hat die Ursachenanalyse abgeschlossen, seine Hauptthese formuliert und ist nun dabei, einen Vorschlag zu machen: „Ich möchte Ihnen jetzt einen Lösungsvorschlag unterbreiten, wie wir die ganze Situation in den Griff bekommen können ..."

Zählen Sie Ihre Argumente auf

Sichern Sie sich die Aufmerksamkeit des Adressaten, indem Sie wichtige Punkte durchnummerieren: „Erstens ..., zweitens ..., drittens ..." Auch das ist für den Adressaten eine wichtige Erinnerungshilfe („Also da waren drei Hauptargumente; mal sehen, ob ich die noch zusammenkriege …“).

BEISPIELE

Sarah: „*Es gibt drei Gründe, warum wir heute noch zu einem Beschluss kommen sollten. Erstens warten unsere Kunden auf ein neues Angebot. Zweitens ist die Hälfte unsere Mannschaft ab morgen in Urlaub. Und drittens tragen wir dieses Problem einfach schon so lange mit uns herum, dass der Frustpegel am oberen Limit ist.*“

Konzentrieren Sie sich auf das Wesentliche

Manche Menschen denken: je mehr, desto besser. Sie bombardieren den Adressaten mit so vielen Informationen und Gründen, dass er am Ende hoffnungslos aufgibt und nicht mehr weiß, wo ihm der Kopf steht. Solche Verwirrung erzeugt Ärger. Und wer verärgert ist, wird Ihren Standpunkt nicht gern akzeptieren. Konzentrieren Sie sich daher auf das Wesentliche und Wichtigste! Und auf welche drei, vier Punkte sollten Sie sich konzentrieren? Das Wichtigste heißt hier natürlich auch wieder: das Wichtigste aus der Sicht des Adressaten!

Sprechen Sie verständlich

Der Philosoph Simon Blackburn hat einmal geschrieben: „Man sollte nicht so sprechen oder schreiben, dass man verstanden wird, sondern man sollte so sprechen oder schreiben, dass man nicht missverstanden wird.“ Sie sollten also alles in Ihrer Macht Stehende tun, um sich eindeutig ausdrücken. Natürlich wissen wir auch, dass das nicht immer klappen wird. Aber viele Missverständnisse kann man so vermeiden:

• Sprechen Sie in klaren, einfachen Sätzen.

• Kommen Sie schnell zur Sache.

• Verzichten Sie, wenn möglich, auf Fremdwörter.

- Drücken Sie verwickelte, schwierige und anspruchsvolle Sachverhalte verständlich aus. Ein komplexer Sachverhalt muss nicht unbedingt durch ein ähnlich verwickeltes Satzungetüm mit neun ineinander verschachtelten Nebensätzen dargestellt werden. Einfache Hauptsätze mit übersichtlicher Gliederung passen da viel besser.

Sorgen Sie für Anschaulichkeit

Der Adressat wird Ihnen leichter und mit mehr Freude folgen, wenn Sie anschaulich, abwechslungsreich und lebendig argumentieren. Es gibt fünf klassische Möglichkeiten, dies umzusetzen:

- Beispiele

- Vergleiche/Analogien

- Geschichten

- Gedankenexperimente

- Visualisierungen

Bringen Sie Beispiele

Beispiele sind eines der einfachsten und wirkungsvollsten Mittel, Ihren Standpunkt anschaulich zu machen. Geschickt gewählte Beispiele steigern Ihre Überzeugungskraft erheblich. Wer in einem muffigen, fensterlosen und kalten Besprechungszimmer seine Argumentation für eine schnelle und konsequente Verbesserung der Raumsituation vorträgt, hat es leicht, seinen Adressaten vor Augen zu führen, warum sein Anliegen wichtig ist: Der Besprechungsraum ist ein „schönes" Beispiel.

Beispiele sprechen das konkrete Vorstellungsvermögen an. Sie sorgen dafür, dass auch abstrakte und vielleicht komplizierte Sachverhalte vom Adressaten schnell verstanden werden. Beispiele wecken im Adressaten das Gefühl der Vertrautheit. Indem der Überzeuger sich auf etwas bezieht, was der Adressat so oder ähnlich schon einmal erlebt hat, stellt er eine Verbindung zu dessen Erfahrungswelt her. Beispiele überzeugen, weil sie realen Vorkommnissen entnommen sind. Jay Conger macht auf eine Studie aufmerksam, die nachweisen konnte, dass diejenigen Argumentationen am wenigsten mit Einwänden und Widerlegungen konfrontiert wurden, die durch Beispiele gestützt waren.

Der zuletzt genannte Punkt wird in Feedback-Gesprächen besonders deutlich. Je mehr Sie in Ihrem Feedback mit Beispielen arbeiten, desto weniger leicht wird der Feedback-Empfänger die Punkte abstreiten.

BEISPIEL

Max möchte seine Kollegen davon überzeugen, dass der Konflikt zwischen Herrn Müller und Frau Meier in der Kundenberatungsabteilung nicht weiter ignoriert werden darf. Max illustriert seine Situationsbeschreibung durch ein Beispiel, das die Lage anschaulich werden lässt. „Der Konflikt zwischen den beiden hat sich in den letzten Wochen verschärft. Ich möchte Ihnen nur ein Beispiel nennen: Neulich kam ein Kunde und stellte Frau Meier eine Frage. Auf diese Frage wusste sie im ersten Moment keine Antwort, also fragte sie Herrn Müller, ob er die entsprechende Information habe. Herr Müller blaffte sie an mit den Worten: Wie kann man nur so dumm sein! Worauf Frau Meier von ihrem Stuhl aufsprang und Herrn Müller lauthals beschimpfte. Der Kunde war völlig irritiert und verließ verärgert den Raum. Am nächsten Tag hatte ich seinen Beschwerdebrief auf meinem Schreibtisch. Und das ist nur ein Beispiel für eine ganze Reihe von Vorfällen. Die Situation ist nicht tragbar. Ich hätte da einen Vorschlag, was wir tun könnten ..."

ACHTEN SIE BEIM EINSATZ VON BEISPIELEN DARAUF, DASS

* die Beispiele Ihre Position auch wirklich stützen. Beispiele, die nicht passen oder mehrdeutig sind, lassen Sie weg. Suchen Sie geeignete!

- der Adressat das Beispiel gut verstehen kann. Wählen Sie solche Beispiele aus, die eine Verbindung zur Erfahrungswelt des Adressaten herstellen;

- das Beispiel die Argumentation ergänzen, aber nicht ersetzen kann.

Greifen Sie zu Vergleichen und Analogien

Durch Vergleiche und Analogien schaffen Sie eine Beziehung zwischen Situationen oder Dingen, um durch die Gegenüberstellung ganz gezielt bestimmte Aspekte dieser Dinge oder Situationen hervorzuheben. Analogien sind wirkungsvolle Hilfsmittel, um Ideen oder Ziele zu vermitteln. Analogien beschäftigen die Vorstellungskraft des Adressaten, sie regen seine Phantasie an. Am Anfang erzeugen sie vielleicht ein Gefühl der Irritation, des Rätselns, des Überraschtseins. Man fragt sich: „Was bedeutet das?" In diesem Moment ist der Adressat kein passiver, sondern ein aktiver Zuhörer. Die Aufmerksamkeit ist jetzt völlig darauf gerichtet herauszufinden, was der Überzeuger sagen möchte.

Die Kunst besteht darin etwas zu finden, das sich aufgrund seiner Ähnlichkeit mit Ihrer Aussage in eine Beziehung setzen lässt.

BEISPIEL:
Daniel Dennett erläutert in seinem lesenswerten Buch: „Darwins Dangerous Idea", das sich mit der Evolutionstheorie beschäftigt, die Kombinationsmöglichkeiten von Genen. Mithilfe einer Analogie gelingt es Dennett, die komplexen Sachverhalte der Genetik äußerst anschaulich zu erklären. Seine Grundidee: Analog zu Büchern sind Gene im Wesentlichen Informationsträger. Den genetischen Bauplan eines Wesens müssen wir uns demnach wie einen speziellen Ausschnitt aus einer unendlich großen Bibliothek vorstellen.

> ## Wie Sie eine Analogie finden
>
> - Überlegen Sie genau, welche Aussage Sie treffen wollen.
> - Worauf wollen Sie hinaus? Stellen wir uns vor, sie möchten Ihren Adressaten davon überzeugen, nicht in riskante Aktien zu investieren. Ihr Behauptung heißt dann: „Die Investition in riskante Aktien ist gefährlich."
> - Finden Sie ähnliche Situationen.
> - Konzentrieren Sie sich dabei mehr auf den privaten, weniger auf den geschäftlichen Bereich. Es geht darum, das Gefühl des Adressaten anzusprechen. Um bei unseren Aktien zu bleiben: Überlegen Sie, welche Vorhaben sich ebenfalls durch ein hohes Risiko auszeichnen und deshalb gefährlich sind.
> - Fertigen Sie eine kleine Liste von Vergleichen an.
> - Einige der von Ihnen gesammelten Situationen passen besser als andere. Greifen Sie die Situationen heraus, die wirklich gut mit Ihrem Thema harmonieren.
> - Überlegen Sie, welche dieser analogen Situationen den Adressaten wohl am ehesten ansprechen. Welche Situation kann er am besten nachvollziehen?

ANALOGIEARGUMENTE

Analogien kann man auch argumentativ in Form von Analogieargumenten einsetzen. Dabei stützt man seine Behauptung auf einen Vergleich oder eine Analogie, die man konstruiert. Analogieargumente können sehr brauchbare Argumente sein. Ihre Wirkung hängt davon ab, wie treffend der Vergleich ist.

GESCHICHTEN

Geschichten fesseln die Aufmerksamkeit des Adressaten. Sie sind lebendig, spannend, berühren, ängstigen. Kurz: Sie sprechen das gesamte Spektrum menschlicher Emotionen an. Geschichten fördern zwar das Zuhören, drängen den Adressaten aber zu nichts. Sie vermitteln eine Position, ohne dabei aufdringlich zu sein.

Geschichten können wahre Geschehnisse wiedergeben oder fiktiv sein. Im Unterschied zu Beispielen haben sie einen Handlungsstrang und müssen nicht der Wahrheit entsprechen.

BEISPIEL

Renate kennt die japanische Kultur gut. Sie weiß, dass es nicht einfach ist, als Ausländer dort geschäftlich tätig zu sein. Sie will ihre Zuhörer, Geschäftsleute aus Deutschland, davon überzeugen, sich im Vorfeld ihrer Aktivitäten eingehend mit der fremdem Kultur vertraut zu machen. Zur Illustration erzählt sie eine Geschichte aus Japan.

„Als ich das erste Mal nach Japan kam, war ich von diesem Land sehr angetan. Mein erster Eindruck dabei: Im Grunde ist alles wie bei uns. Es gibt U-Bahnen, Restaurants, Supermärkte – einfach ein funktionierendes modernes, städtisches Leben. Ich musste diesen Eindruck jedoch sehr schnell revidieren. Am zweiten Tag unseres Aufenthalts nahm ich nämlich an einer kleinen Konferenz teil. Anwesend war unser Forschungsteam, ein amerikanisches und ein japanisches Team. Jemand aus dem japanischen Team hatte eine Präsentation vorbereitet, die er an diesem Tag halten sollte. Er hielt dann auch einen vorzüglichen Vortrag. Jeder war beeindruckt. In der Pause sah ich dann, wie ein amerikanischer Kollege zu dem Japaner ging, der gerade die Präsentation gehalten hatte, und ihn überschwenglich lobte. Ich sah, dass der japanische Kollege von Sekunde zu Sekunde immer blasser wurde. Schließlich drehte er sich einfach um und verschwand. Er tauchte auch für den Rest des Tages nicht mehr auf und sprach von diesem Moment an kein Wort mehr mit dem Amerikaner. Was war passiert? Haben Sie eine Erklärung dafür?"

Renate erzählt eine Geschichte, die sie selbst erlebt hat. Wir haben die Erfahrung gemacht, dass die persönlichen Erlebnisse des Überzeugers den Adressaten besonders stark beeindrucken. Erstens sorgt der persönliche Aspekt dafür, dass die Distanz zwischen Überzeuger und Adressat schwindet. Zweitens demonstriert der Überzeuger, dass er auf dem betreffenden Gebiet eigene Erfahrungen gesammelt hat. Dies spricht für seine Kompetenz.

BEISPIEL

In einem Seminar überzeugte eine Teilnehmerin, die im Hotelgewerbe tätig ist, ihre Kollegen von den Vorteilen eines Einarbeitungskonzepts für neue Mitarbeiter. Sie illustrierte ihren Standpunkt durch eine Geschichte.

„Die Einarbeitung unserer neuen Mitarbeiter erfolgt immer ziemlich unsystematisch. Deshalb habe ich ein Konzept zur Einarbeitung neuer Mitarbeiter entwickelt. Der Anlass dafür ist ein ganz konkretes Erlebnis. Wir hatten eine Mitarbeiterin, die hervorragende Arbeit leistete. Wir waren wirklich von ihr begeistert. Aber nach drei Monaten kündigte sie. Alle waren überrascht. Und im letzten Gespräch, das ich mit ihr führte, fragte ich sie nach dem Grund ihrer Kündigung. Da erfuhr ich, dass sie sich von Anfang an nicht richtig ins Team integriert fühlte und sich sehr allein gelassen vorkam. Ich fragte mich, wie vielen von unseren Leuten es wohl ähnlich gehen musste. Dieses Gespräch zeigte mir, wie wichtig es war, ein ordentliches Einarbeitungskonzept zu haben, das die neuen Mitarbeiter gut ins Team und die bestehenden Abläufe integriert."

Nachdem die Seminarteilnehmerin diese Geschichte erzählt hatte, waren die anderen Teilnehmer sichtlich aufgewühlt. Plötzlich hatte jeder eine ähnliche Geschichte beizutragen. Der Effekt war, dass alle ein gut durchdachtes Einarbeitungskonzept für notwendig erachteten. Die Geschichte war dafür der Auslöser.

Gedankenexperimente

Ein spezielle Geschichtenvariante sind Gedankenexperimente. Bei einem Gedankenexperiment schildern Sie eine hypothetische, fiktive Situation. Sie loten damit den Bereich des Möglichen aus und nehmen den Adressaten auf eine gedankliche Reise mit. Gedankenexperimente können Sie einsetzen, um bestimmte Konsequenzen möglichst deutlich hervortreten zu lassen.

Gedankenexperimente enthalten oft eine absurde oder überraschende Komponente. Sie sind gerade dadurch besonders anregend und spannend. Interessante Gedankenexperimente sorgen dafür, dass der Adressat Ihrer Argumentation bereitwillig folgt.

BEISPIEL
Inwiefern spielt ethisches Verhalten in Verhandlungen eine Rolle? Über diese Frage sollen die Teilnehmer eines Seminars nachdenken. Seminarleiter Walter setzt dazu ein Gedankenexperiment ein.

„Stellen Sie sich folgende Situation vor: Sie sind in Verhandlungen mit einem Gesprächspartner. Es geht um den Verkauf Ihrer Fabrik. Sie haben nach langem Suchen bisher nur einen Interessenten gefunden und der sitzt jetzt vor Ihnen. Diese Person fragt Sie nun direkt: ‚Haben Sie eigentlich noch andere Interessenten?‘ Wie werden Sie in dieser Situation die Frage beantworten? Werden Sie lügen, die Wahrheit sagen, der Frage ausweichen?“

Überlegen Sie, ob es ein spannendes Gedankenexperiment gibt, das Sie in Ihre nächste Präsentation einbauen können. Das Gedankenexperiment muss nicht unbedingt Ihre Schlussfolgerung veranschaulichen. Es kann auch als Einführung in ein Thema eingesetzt werden.

VISUALISIEREN
Eine gute Visualisierung unterstreicht Ihren Standpunkt und sorgt dafür, dass Wichtiges vom Adressaten behalten wird. Zum Thema Visualisieren wurden schon viele hervorragende Bücher geschrieben, sodass wir uns an dieser Stelle kurz fassen können.

Tipps für Visualisierungen

- Wenn Sie ein Bild benutzen, erläutern Sie zuerst das Gesamtbild und gehen Sie dann in die Details. Häufig stürzt sich der Präsentator sofort auf die Details eines Bildes, ohne dass der Gesamtzusammenhang klar geworden ist.
- Visualisierungen, vor allem Folien, sollten nicht selbsterklärend sein. Jede Folie sollte ein kleines Geheimnis bewahren, das der Präsentator „enthüllt".
- Achten Sie bei Visualisierungen auf Übersichtlichkeit und überladen Sie Folien und Flipcharts nicht.
- Visualisieren Sie nicht alles. Folienschlachten oder ein Vortrag auf Beamer zum Mitlesen ermüden die Zuhörer!
- Vor allem in kleineren Gesprächsrunden genügt es, die wichtigsten Punkte in Stichworten auf Papier festzuhalten.

Versuchen Sie es mit Gefühl

Manche Menschen glauben, dass Emotionen bei der Überzeugungsarbeit nichts verloren haben. Es gehe ausschließlich um rationales Argumentieren und die Beweisführung durch Zahlen und Fakten. Aber die Realität ist nicht so simpel und geradlinig (darüber freuen sich die beiden Autoren übrigens!).

Emotionen sind natürlich immer im Spiel; und Fakten haben manchmal keinen, bisweilen sogar einen negativen Einfluss auf Gefühle. („Oh Mann, der treibt mich langsam auf die Palme. Er redet hier die ganze Zeit von Kosten, Headcount und Planstellen und kapiert nicht, dass es uns um Kollegen aus Fleisch und Blut geht, mit denen wir schon lange eng und gut zusammenarbeiten!") Entscheidungen, die in der „harten" Welt der Wirtschaft getroffen werden, sind übrigens genauso von Emotionen durchdrungen wie solche, die im privaten Bereich gefällt werden. Der Mythos vom Manager als eisenharter und gefühlloser Rechenmaschine geht unserer Erfahrung nach weit an der Realität vorbei – auch wenn er gerne gepflegt wird.

EMOTIONEN BEEINFLUSSEN DIE MEINUNGSFINDUNG

In diesem Abschnitt geht es um die Rolle von Emotionen in Überzeugungssituationen. Emotionen helfen uns dabei, Situationen zu bewerten und Entscheidungen zu fällen. Sie bringen uns dazu, eine Option auszuwählen und entsprechend zu handeln. Angesichts der grundlegenden Emotionen, die tief in unserer Biologie verankert sind, kann man das gut nachvollziehen. Angst signalisiert zum Beispiel Gefahr, wir ergreifen die Flucht. Empirische Befunde stützen die These, dass Emotionen bei der Bewertung und bei der Entscheidungsfindung von großer Bedeutung sind.

Damasio schildert in seinem Buch: „Descartes' Irrtum" verschiedene Fälle von Patienten mit Schädel-Hirn-Verletzungen, bei denen das emotionale Zentrum im Gehirn zerstört ist. Menschen mit solchen Verletzungen sind noch recht gut in der Lage, die rein rationalen Aspekte einer Situation ins Kalkül zu ziehen. Sie sind aber unfähig, Entscheidungen zu treffen. Konfrontiert mit verschiedenen Optionen können sie keine Wahl treffen, weil ihnen offensichtlich Bewertungsinstrumente fehlen. Solche Menschen können zwar erläutern, welche Konsequenzen aus Handlungsalternativen entstehen und welche Alternativen besser sind, aber sie sind unfähig, einen Beschluss zu fassen und ihn in die Tat umzusetzen. Das berühmteste Beispiel ist Phineas Gage, dessen Vorderhirn bei einer Explosion durch eine Eisenstange zerstört wurde. Er überlebte diesen schrecklichen Unfall, war aber danach nicht mehr in der Lage, Ordnung und Stabilität in sein Leben zu bringen.

Patienten, bei denen das emotionale Zentrum zerstört ist, reagieren auf Situationen, die normalerweise gewisse Gefühle wecken, mit Gleichgültigkeit. Die Situationen lassen sie kalt. Durch das Fehlen von Emotionen befinden sie sich in einer absolut flachen Entscheidungslandschaft. Keine der Optionen hat für sie irgendein Gewicht. Keine Option ist emotional für sie markiert. Keine Information besitzt für sie mehr Wert als andere.

Wenn es also stimmt, dass emotionale Komponenten so wichtig sind, dann hat das auch Folgen für die Arbeit des Überzeugers. Er sollte darüber nachdenken, welche Emotionen seine Argumentation beim Adressaten hervorrufen könnte, welche Emotionen er vielleicht aktiv ansprechen sollte und wie er ein emotionales Band zu seinem Adressaten knüpfen kann.

Der kluge und einfühlsame Überzeuger weiß, welche Emotionen in welchen Situationen relevant sein können. Er richtet seinen Standpunkt und seine Argumentation danach aus.

Basale Emotionen:	• Freude • Ärger • Angst • Überraschung • Ekel • etc.
Höhere kognitive Emotionen:	• Liebe • Schuld • Scham • Stolz • Neid • Eifersucht

Es gibt basale Emotionen und höhere, kognitive Emotionen. Basale Emotionen sind universell und angeboren. Als basale Emotionen gelten gemeinhin Freude, Ärger, Angst, Überraschung und Ekel. Diese Gefühle können plötzlich entstehen und schnell wieder abklingen.

Höhere, kognitive Emotionen sind auch universell, aber sie weisen stärkere kulturelle Unterschiede auf. Sie bauen sich über einen längeren Zeitraum auf und sind weniger schnelllebig. Zu dieser Art von Emotionen werden folgende Gefühle gezählt: Liebe, Schuld, Scham, Stolz, Neid und Eifersucht.

Was kann ich als Überzeuger konkret tun, um bei der Präsentation meines Standpunkts bewusst mit Emotionen umzugehen? Zwei Seiten sind zu betrachten: die eigene und die des Adressaten.

Emotionen und der eigene Standpunkt

Betrachten wir zunächst die Seite des Überzeugers. Ein wichtiger emotionaler Faktor ist das eigene Engagement. Wenn Sie Ihren Standpunkt engagiert vertreten, wird der Adressat davon nicht unberührt bleiben. Spürbares Engagement ist ein Indikator für Ernsthaftigkeit, Entschlossenheit und Glaubwürdigkeit. Ihre Begeisterung kann ansteckend wirken: „Hört sich gut an. Er weiß, was er will – und dann kriegt er das auch trotz der Widerstände hin!" Deutliches Desinteresse am eigenen Anliegen registrieren die Adressaten auch sehr genau: „Warum soll ich da mitmachen? Die Sache scheint ihm ja selbst ziemlich egal zu sein."

Wir plädieren hier nicht für aufgesetzte Energieausbrüche, gespielte Begeisterung oder Selbstmotivation durch gemeinsames Schreien. Uns geht es einfach darum, dass Adressaten spüren (wollen), wie wichtig Ihnen, dem Überzeuger, Ihr Anliegen ist. Am besten ist es, sich nicht zu verstellen, das eigene Engagement aber auch nicht zu unterdrücken. Machen Sie sich für die Adressaten spürbar. Kommunizieren Sie neben Ihren Argumenten auch, wie es Ihnen selbst bei der ganzen Sache, von der die Rede handelt, geht. Welche Hoffnungen haben Sie? Wo befürchten Sie etwas? An welchen Stellen verspüren Sie Unsicherheit? Eine gewisse Offenheit (kein totaler Seelenstriptease) auf emotionaler Ebene ist hier wichtig. Als Überzeuger müssen Sie sich bewusst sein, dass viel von Ihrer emotionalen Grundstimmung abhängt. Das ist mehr als bloße Vermutung. Goleman, Boyatzis und Mckee haben übrigens diese Einsicht, die uns ja schon die Alltagserfahrung liefert, in ihrem Buch: „The New Leaders" empirisch belegt.

Die Emotionen des Adressaten

Wichtig für Überzeugungsarbeit ist auch die emotionale Lage oder die Stimmung des Adressaten während des Gesprächs. Sprechen Sie neben dem Verstand auch seine Gefühle an bzw. beziehen Sie den emotionalen Aspekt bewusst in den Aufbau Ihrer Argumentation mit ein. Das gelingt am besten, indem Sie Wünsche, Hoffnungen, Befürchtungen, Träume oder Sorgen berücksichtigen. Die Fragen, die sich ein Überzeuger im Rahmen der Adressatenanalyse bewusst stellen und klar beantworten sollte, lauten zum Beispiel: Wie fühlt sich mein Adressat, wenn die Bedingungen XY gelten? Welche Gefühle löst das aus? Wie wird er sich fühlen, wenn ich ihm das so direkt erzähle? Kurz: Es geht wieder darum, sich in den Adressaten einzufühlen, die Welt durch seine emotionale Brille zu sehen.

Wir erleben es immer wieder: Wenn man den Emotionen, die in Gesprächen mitschwingen, nicht genügend Raum gibt, dann helfen auch keine Fakten und Argumente. Die verhallen einfach „ungehört". Denn der Adressat ist manchmal so mit sich selbst und seinen Emotionen beschäftigt, dass er nicht zuhören kann. Nur wenn man sich Zeit nimmt und die Adressaten ermuntert, Ihre Gefühle einzubringen, kommt es zu einer Annäherung.

BEISPIEL

Die Brummi GmbH, ein mittelgroßes Speditionsunternehmen mit 500 Mitarbeitern, ist von der Streetpower AG übernommen worden. Die Belegschaft weiß nicht, wie es weitergehen soll. In dieser Situation wird eine Betriebsversammlung einberufen, bei der der Geschäftsführer der Streetpower AG Rede und Antwort stehen will. Er eröffnet die Versammlung mit den folgenden Worten:

„Ich weiß, dass sich viele von Ihnen Sorgen machen, wie es mit der Brummi GmbH genau weitergehen wird. Ich weiß auch, dass momentan alle Arten von Gerüchten in Umlauf sind. Ich bin heute hier, damit Sie mal allen Ärger und allen Frust loswerden und mich damit bombardieren können. Also, was liegt Ihnen auf dem Herzen? Schießen Sie los!"

Der Einstieg des Geschäftsführers war überraschend. Die meisten hatten sich auf eine langweilige Zukunfts- und Visionsrede eingestellt. Am Anfang zögerten die Mitarbeiter noch, doch dann kamen die ersten Fragen. Es dauerte nicht lange, dann ging es ziemlich zur Sache. Es war wie bei einem Ventil, das geöffnet wird. Danach war die Stimmung ziemlich positiv und optimistisch. Der Geschäftsführer hatte genau den richtigen Ton gefunden und die Emotionen angesprochen, die alle bewegt haben.

Zum Schluss noch ein schönes Beispiel, was passieren kann, wenn die Emotionen des Adressaten nicht zu der Art und Weise passen, wie der Überzeuger etwas vorträgt, wenn der Überzeuger also in Dissonanz mit dem Adressaten ist.

BEISPIEL

Die amerikanische Tochtergesellschaft eines japanischen Unternehmens führt eine Jahresabschlussfeier durch. Man möchte den Erfolg feiern, den man in diesem Jahr erreicht hat. Eine Umsatzsteigerung von 25 Prozent! Die Ziele wurden mehr als übertroffen. Der japanische Vizepräsident ist zur Feier des Tages extra aus Tokio angereist. Er hält eine kurze Rede. Seine Worte: „Wir haben in diesem Jahr einen wichtigen Schritt gemacht. Aber das ist kein Grund, überschwenglich zu sein. Wir müssen darauf achten, im nächsten Jahr unsere Anstrengungen weiter zu erhöhen. Wir dürfen uns nicht ausruhen und wir müssen weiter wachsam bleiben." Die Stimmung im Saal sinkt von Sekunde zu Sekunde. Am Schluss spricht niemand mehr ein Wort.

Achten Sie darauf, dass Sie den richtigen emotionalen Ton treffen und angemessen dosieren. Appelle an die Gefühlswelt Ihrer Adressaten sollten natürlich von Argumenten begleitet sein. Emotionen und Argumente sollen sich ergänzen und „im Gleichklang" sein.

Wenn Sie in der Zwickmühle sind

Stellen Sie sich selbst die Frage, ob Sie Ihren Standpunkt engagiert oder nur halbherzig vertreten. Wenn Sie merken, dass Sie nicht mit ganzem Herzen hinter dem Standpunkt stehen, dann fehlt offensichtlich etwas. Ihre Zweifel könnten ein Signal dafür sein, dass mit Ihrer eigenen Position etwas nicht stimmt. Denken Sie über Ihren Standpunkt noch einmal nach. Haben Sie genügend Fakten und Informationen gesammelt? Mit welchen Begründungen sind sie zufrieden, mit welchen sind Sie unzufrieden und warum?

Eine interessante Frage: „Was mache ich, wenn ich zum Beispiel gegenüber meinen Mitarbeitern etwas vertreten muss, hinter dem ich selbst nicht stehen kann, das aber von oben vorgegeben wurde?" Viele

Führungskräfte finden sich immer wieder in einer derartigen Situation und wissen nicht so recht, wie damit umzugehen ist: „Soll ich Begeisterung vorspielen? Soll ich klar machen, dass ich die Sache auch für Blödsinn halte? Soll ich ein Pokerface aufsetzen?"

Unsere Empfehlung: Ehrlich sein! Schildern Sie die Situation so wie sie ist. Machen Sie klar, was an der Vorgabe von oben für Sie und Ihre Mitarbeiter nicht (mehr) veränderbar ist und umreißen sie genau, welchen Spielraum zur Selbstgestaltung Sie haben: „Liebe Kollegen, die Realität sieht so aus: Das und das lässt sich nicht ändern. Da und da können wir was drehen." Sie können und sollten in so einem Fall auch zum Ausdruck bringen, dass Sie über die Vorgabe nicht hundertprozentig glücklich sind (Ihre Mitarbeiter „erspüren" das sowieso). Dann machen Sie aber sofort klar, dass es jetzt darum geht, professionell und kompetent mit den Vorgaben umzugehen. Auf diese Weise bleiben Sie authentisch und arbeiten konstruktiv weiter.

Ist der Adressat zum Beispiel eher skeptisch eingestellt, dann nehmen Sie seine Haltung zur Kenntnis, stellen aber die positiven Seiten der Anweisung gegenüber: „Ich weiß, dass dieser Vorschlag mit Skepsis und vielleicht auch mit Widerstand bedacht werden wird. Deshalb sollten wir uns folgende Punkte klar machen …"

Darauf kommt es bei der Präsentation an

- Konzentrieren Sie sich wirklich auf das Wichtigste? Was können Sie weglassen?

- Drücken Sie sich einfach und unmissverständlich aus?

- Durch welche Beispiele können Sie Ihren Standpunkt belegen?

- Welche Vergleiche können Sie ziehen, zu welchen Analogien greifen?

- Gibt es Geschichten oder Gedankenexperimente, die Ihre Sichtweise illustrieren?

- Wie können Sie Ihre Position durch visuelle Hilfsmittel unterstreichen?

- Vertreten Sie Ihren Standpunkt mit genügend Engagement?

- In welcher emotionalen Lage befinden sich sehr wahrscheinlich die Adressaten?

- Mit welchen Gefühle sollten Sie rechnen?

Wie Sie Vertrauen und Glaubwürdigkeit aufbauen

Klar ist: Überzeugen kann man nur in einer Atmosphäre von Vertrauen und Glaubwürdigkeit. Wenn mir jemand misstraut, dann glaubt er mir nicht, zumindest dann nicht, wenn es um etwas Wichtiges geht. Und in einer Atmosphäre des Misstrauens werden auch die besten Argumente keine Überzeugungskraft entfalten.

Häufig betrachten wir aber gerade den Gesprächspartner, den wir ja eigentlich für unsere Sache begeistern wollen, als Gegner. Überzeugen wird als eine Form des Überwindens gesehen. Daraus erwächst leicht ein angespanntes, manchmal sogar aggressives Klima, das für die Überzeugungsarbeit äußerst schädlich ist. Den Adressaten sollten Sie nicht als eine Art Hindernis sehen, sondern als Gesprächspartner, der es verdient hat, dass Sie mit ihm konstruktiv und freundlich umgehen.

In diesem Kapitel geben wir Ihnen Tipps, wie Sie eine vertrauensvolle und ehrliche Arbeitsbeziehung zu Ihrem Gesprächspartner aufbauen und pflegen können.

Das Gegenseitigkeitsprinzip

BEISPIEL

Die Verhandlungen zwischen Robert Schmitt von der TerraCom GmbH und Paula Brand von InterTrix verlaufen zäh. Es geht um ein größeres Geschäft. TerraCom, ein Hersteller elektronischer Bauteile, möchte mit InterTrix, einem Automobilzulieferer, einen umfangreichen Vertrag abschließen. Strittige Punkte sind das Volumen, das InterTrix TerraCom abnehmen soll, und der Preis. Nach langem Hin und Her macht Herr Schmitt Frau Brand ein Zugeständnis, was den Preis anbelangt. Er unterbreitet ihr ein günstigeres Angebot und Frau Brand nimmt das Angebot an. Eine erste Einigung ist damit unter Dach und Fach – dank des mutigen ersten Schrittes von Herrn Schmitt. Nachdem nun die Preisfrage geklärt ist, sagt Herr Schmitt: „Gut, in diesem Punkt sind wir Ihnen recht weit entgegengekommen. Es wäre schön, wenn auch Sie uns nun entgegenkommen könnten. Ich denke da speziell an die Frage des Liefervolumens. Was haben Sie denn da für Spielräume ...“

In Schmitts Vorgehen spiegelt sich ein Prinzip wider, das offen oder unausgesprochen alle Arten menschlicher Interaktionen begleitet: das Gegenseitigkeitsprinzip. Salopp formuliert könnte man es auch das „Wie-du-mir-so-ich-dir-Prinzip“ nennen. In vielen unserer Alltagsweisheiten kommt dieses Prinzip zum Ausdruck: „Was du nicht willst, dass man dir tu’, das füg auch keinem anderen zu!“ „Wie man in den Wald hineinruft, so schallt es heraus!“ Oder: „Behandle die anderen so, wie auch du selbst behandelt werden möchtest!“.

Das Gegenseitigkeitsprinzip ist eines der fundamentalsten Prinzipien menschlicher Kooperation. Das haben schon Philosophen wie Thomas Hobbes und David Hume herausgearbeitet. Es stellt den zentralen Mechanismus dar, der Zusammenarbeit und Vertrauensaufbau zwischen Menschen ermöglicht.

Das Gegenseitigkeitsprinzip basiert auf der Vereinbarung, sich gegenseitig zu helfen. Dabei ist die Risikostelle klar markiert: Einer macht den ersten Schritt. Er gibt einen Vertrauensvorschuss und geht das Risiko ein, im schlimmsten Fall ausgenutzt zu werden. Wenn der andere nachzieht, dann haben beide die Vereinbarung eingehalten und jeder hat von der Zusammenarbeit profitiert. Beim nächsten Mal haben sie bereits gelernt, dass man sich auf das Wort des anderen verlassen kann. Sie beginnen einander zu vertrauen. Die Basis dafür ist, dass sie eine Vereinbarung getroffen haben, an die sich jeder hält.

Der Gesellschaftstheoretiker Axelrod hat in einem Experiment nachgewiesen, dass es sich lohnt, nach dem Gegenseitigkeitsprinzip: „Wie du mir, so ich dir“ zu verfahren und selbst als Erstes kooperativ zu sein. Er hatte ein Spiel zur Zusammenarbeit konzipiert, in dem sich diese Regel als die langfristig beste Gewinnstrategie herausstellte. Und so sieht die einfache Strategie aus: Wenn ein Gegenspieler ebenfalls freundlich und kooperativ ist, dann kooperiert man weiter mit ihm. Wenn er nicht kooperiert, dann reagiert man in Zukunft ebenfalls unkooperativ. Man übt also eine Art kontrollierte Vergeltung aus, um den Gegenspieler wieder zur Kooperation zu bewegen.

So setzen Sie das Gegenseitigkeitsprinzip in Ihrer Argumentation ein

VERSUCHEN SIE, ERST DEN ANDEREN ZU VERSTEHEN

Es hat sich vor allem in kniffligen Situationen als sehr positiv erwiesen, nicht sofort mit seinen Argumenten und dem eigenen Standpunkt vorzupreschen, sondern behutsam und geduldig die Meinungs- und Gefühlswelt des Adressaten zu erkunden. Je besser Ihnen das gelingt, desto eher wird sich auch der Adressat Ihre Position anhören. Der Sonderfall des Gegenseitigkeitsprinzips lautet hier: „Damit der Adressat mir zuhört, höre ich ihm zuerst zu." Um zu verstehen, braucht man im Wesentlichen zwei Methoden, nämlich Fragen und Zuhören. Dieses Thema werden wir im nächsten Kapitel noch näher beleuchten.

BEISPIEL:

Klaus führt ein Mitarbeitergespräch mit Jürgen. Klaus würde Jürgen gern für die Übernahme eines wichtigen Projekts gewinnen. Das bedeutete aber, dass Jürgen sein Sabbatical noch einmal für ein halbes Jahr zurückstellen müsste. Klaus macht Jürgen zunächst den Vorschlag und hört ihm dann erst einmal in aller Ruhe ausführlich zu, um seine Anliegen genau zu verstehen. Nachdem er Jürgens Interessen sauber herausgearbeitet hat, schildert er ihm, warum es ihm wichtig ist, dass Jürgen das Projekt übernimmt. Da Klaus Jürgen gut zugehört hat, ist Jürgen nun auch bereit, sich Klaus' Argumente anzuhören.

MACHEN SIE DEN ERSTEN SCHRITT – EINER MUSS ES JA TUN

Unterbreiten Sie zum Beispiel ein Angebot, das für den Adressaten attraktiv ist. Sie bewegen sich dadurch auf den Adressaten zu und geben ein deutliches Signal. Eine andere Möglichkeit, den ersten Schritt zu tun, könnte darin bestehen, dass Sie eine Vereinbarung mit dem Adressaten treffen und Sie selbst diese Vereinbarung sofort umsetzen und einhalten. Sie zeigen damit, dass es Ihnen ernst ist. Oft wird der Adressat nachziehen.

Es gibt viele Möglichkeiten, diese Art von Signal auszusenden und einen deutlich wahrnehmbaren ersten Schritt zu vollziehen. Natürlich plädieren wir hier nicht für eine Art von Verhandlungsselbstmord: Die Schrittlänge sollte angemessen sein. Kooperiert der andere nicht und nutzt Ihren Schritt aus, dann haben Sie zwar einen Verlust erlitten (sonst wäre der erste Schritt ja trivial gewesen), aber dafür auch etwas gewonnen. Sie wissen jetzt besser als vorher, wie weit man dem anderen vertrauen kann.

Gerade bei schweren Konflikten kann die Argumentation nach dem Gegenseitigkeitsprinzip sehr wirkungsvoll sein.

BEISPIEL
Zwischen den beiden Staaten X und Y herrschen kriegerische Auseinandersetzungen. Es gibt also einen Konflikt, der schon auf einer relativ hohen Eskalationsstufe angesiedelt ist. Staat X möchte jedoch einlenken und zum Frieden zurückkehren. Wie kann er das erreichen? Er kann versuchen, ein Signal zu setzen. Stellen wir uns vor, X entscheidet sich zu folgendem Signal: 200 Kriegsgefangene sollen freigelassen werden. Er besteht dabei auf keiner Gegenforderung. Sein Ziel ist es, einseitig zu deeskalieren und den anderen Staat an den Verhandlungstisch zurückzubringen. Nach dem Gegenseitigkeitsprinzip besteht die Chance, dass der andere Staat das Signal versteht und sich zu Gesprächen bereit erklärt.

Sollte dies jedoch nicht passieren und Staat Y reagiert stattdessen mit weiteren Angriffen – was kann jetzt getan werden? Der angegriffene Staat X setzt sich dann zur Wehr und demonstriert dadurch seine Stärke und Entschlossenheit („Wie du mir, so ich dir!"), aber er wird wiederum ein Signal setzen und einseitig deeskalieren. Vielleicht wird er als wiederholtes Friedenssignal weitere 50 Gefangene freilassen. Auch bei dieser Deeskalationsstrategie kommt also das Gegenseitigkeitsprinzip zum Einsatz.

Wir fassen zusammen: Wer in seiner Argumentation das Gegenseitigkeitsprinzip bewusst berücksichtigt, trägt seinen Teil zum Aufbau einer Atmosphäre des Vertrauens bei. Je mehr man sich vertraut, desto einfacher ist es, jemanden für eine Idee oder einen Vorschlag zu erwärmen. Manchmal erübrigt sich dann jede Art der Diskussion, jede Art der Push-Strategie.

Das Ähnlichkeitsprinzip

Wie wichtig es ist, sich kennen zu lernen und Vertrauen aufzubauen, zeigt ein Experiment, das mit Studenten durchgeführt wurde ((s. Shell, Bargaining for Advantage)).

Mehrere Studenten wurden dazu eingeladen, Verhandlungen miteinander zu führen, die per E-Mail erfolgen sollten. Eine Gruppe der Studenten wurde aufgefordert, sofort mit den Verhandlungen zu starten, die andere Gruppe hatte Gelegenheit, sich mit ihrem jeweiligen Verhandlungspartner in einem Warm-up auszutauschen. Dabei wurden auch ganz persönliche Dinge kommuniziert. Am Ende zeigte sich, dass diejenigen Studenten zu einem besseren Verhandlungsergebnis gekommen waren, denen die Möglichkeit gegeben wurde, sich gegenseitig etwas kennen zu lernen. Ihre Beziehung war auf eine andere Basis gestellt. Sie hatten Vertrauen zueinander aufbauen können.

Ähnlichkeit fördert Vertrauen

Ähnlichkeiten oder gar Gemeinsamkeiten (was wir als einen Spezialfall von Ähnlichkeit auffassen können) fördern bekanntlich die Bereitschaft zur Kooperation und erhöhen die Chancen, dass andere Meinungen akzeptiert werden. Denken Sie nur an die Freude, die einen durchflutet, wenn man zum Beispiel auf einer Fernreise einen Menschen aus heimatlichen Gefilden trifft, mit dem man sich in heimischer Mundart unterhalten kann! In solchen Situationen ist sehr schnell Kontakt hergestellt und eine gewisse grundsätzliche Offenheit zu bemerken.

Ähnlichkeiten schaffen schnell eine gemeinsame Basis und helfen dabei, Vertrauen aufzubauen. Außerdem wirkt bei der Feststellung von Ähnlichkeiten häufig der Sympathieeffekt. Menschen, die wir in irgendeiner Hinsicht uns ähnlich finden, sind uns oft besonders sympathisch. Wir lassen uns schneller auf sie ein und akzeptieren leichter ihre Meinungen („Ein Marathonläufer wird einen anderen doch nicht anlügen!" Oder: „Jetzt mal ein offenes Wort unter Gartenzwergsammlern ..."). Dabei können die relevanten Ähnlichkeiten eine erhebliche

Bandbreite aufweisen: ähnliche Hobbys, Lebensentwürfe, Einstellungen, Geschmäcker, Ziele usw.

Besonders wirkungsvoll ist es, wenn man auf eine ähnliche Herkunft aufmerksam machen kann. Nicht umsonst sind Verbindungen aus der Studentenzeit so wichtig beim Aufbau von Netzwerken. In Ländern, in denen auf die Gestaltung von Beziehungen viel Wert gelegt wird, wie zum Beispiel in Ostasien, ist der Hinweis auf eine gemeinsame Herkunft von sehr großer Bedeutung. In Japan bedeutet es oft den Eintritt in eine dauerhafte Geschäftsverbindung, wenn man von der gleichen Universität kommt.

Ein gerissener und unehrlicher Überzeuger kann diese Effekte des Ähnlichkeitsprinzips natürlich auch manipulativ einsetzen, indem er Ähnlichkeiten einfach vorgibt und geschickt in das Gespräch einbaut. Auch tatsächliche Ähnlichkeiten kann er ausnutzen, um seine schwache Argumentationslage zu verschleiern. Dagegen gibt es aber zum Glück einen guten Schutzmechanismus: Denkapparat einschalten und die Argumente in Ruhe überprüfen („Mal langsam, sagen Marathonläufer wirklich immer die Wahrheit?").

SUCHEN SIE NACH TATSÄCHLICHEN ÄHNLICHKEITEN
Wirkliche Ähnlichkeiten können eine gute Basis, ein guter Start für den Aufbau einer tragfähigen Arbeitsbeziehung sein. Es gibt in aller Regel eine Schnittmenge von Überzeugungen und Meinungen, die ich als Überzeuger mit dem Adressaten teile. Sie auszuloten und zu benennen, kann hilfreich sein, um „in die Gänge zu kommen", um das Eis zu brechen.

BEISPIEL
Günter ist zu Verhandlungen in Japan. Er vertritt ein deutsches Unternehmen, das mit einer japanischen Firma ein Jointventure gestartet hat. Ein wichtiger Schritt ist dabei der Aufbau eines einheitlichen Computersystems.

Günter hat ein erstes Gespräch mit seinem japanischen Kollegen, Herrn Sato. Eigentlich sind sie zusammengekommen, um ein wichtiges Softwareproblem zu lösen, das die beiden Unternehmen bereits einige Zeit beschäftigt. Die deutsche Seite hat einen Lösungsvorschlag unterbreitet, die japanische Seite hat jedoch auf diesen Vorschlag noch nicht reagiert. Jetzt ist Günter vor Ort, um sich direkt mit seinem Kollegen auszutauschen und herauszufinden, was los ist. Günter weiß, dass es nicht sinnvoll ist, sofort mit der Tür ins Haus zu fallen. Also nimmt er sich Zeit für ein ausführliches Warm-up-Gespräch. Es geht um das Wetter in Japan, es geht ums Essen, um Golf, um Manga und Vergnügungsmöglichkeiten. Günter wartet geduldig ab. Im Gespräch kristallisieren sich ein paar gemeinsame Interessen zwischen Günter und Herrn Sato heraus, die weiteren Gesprächsstoff bieten. Nach etwa einer Stunde, als eine kleine Pause im Gesprächsfluss eingetreten ist, bringt Sato-San das eigentlich Thema aufs Tapet. Erst jetzt beginnt man, das Softwareproblem zu besprechen.

Günters Verhalten war genau richtig. Gerade in Ländern, in denen Beziehungsaspekte im Vordergrund stehen, sollte man nicht mit der Tür ins Haus fallen. Kommen Sie nicht gleich zur Sache, lassen Sie das Gespräch auch mal abschweifen, stellen Sie Fragen und hören Sie zu. Suchen Sie nach Gemeinsamkeiten.

SETZEN SIE ÄHNLICHKEITEN ARGUMENTATIV EIN

Dabei bezieht man sich auf Ähnlichkeiten, die in einem Zusammenhang mit dem besprochenen Thema stehen. Man knüpft bewusst an Meinungen oder Äußerungen des Adressaten an und zeigt, inwiefern der eigene Standpunkt ähnlich ist. Gerade in kniffligen Situationen kann es sinnvoll sein aufzuzeigen, welche Gemeinsamkeiten vorliegen. Die Betonung der Gemeinsamkeiten führt dazu, dass sich die beteiligten Parteien wieder einander annähern.

BEISPIEL

Der Vorstand bei Megalus ist sich uneinig darüber, in welche Richtung das Unternehmen in den nächsten Jahren weiter wachsen soll. Jürgen und Eva möchten gern neue Geschäftsfelder erschließen, Eleonore und Hans möchten gern alle Ressourcen darauf verwenden, die bestehenden Geschäftsfelder rentabler zu gestalten. Die Diskussion verläuft ziemlich hitzig, man ist am Rande eines Streits. In diesem Moment ergreift Hans noch einmal das Wort:„Stopp! Ich glaube, so kommen wir nicht weiter. Lasst uns doch noch einmal durchschnaufen und auf das blicken, was wir gemeinsam möchten:

Wir wollen, dass unser Unternehmen auch in Zukunft wächst (zustimmendes Nicken der anderen). Wir wollen, dass unser Wachstum uns nicht überfordert. Wir wollen also vorsichtig vorgehen. Wir wollen andererseits aber auch neue Chancen nutzen. Jetzt haben wir hier zwei Standpunkte. Lasst uns doch mal von dieser Basis aus für jeden Standpunkt überlegen, inwiefern er unsere gemeinsamen Ziele trifft und wo Risiken bestehen."

Das Ehrlichkeitsprinzip

Bei der MetaKonkret AG, einem Internet-Start-up, sind erhebliche Finanzierungsprobleme aufgetreten. Es muss dem Unternehmen gelingen, in den nächsten drei Monaten mindestens vier aussichtsreiche Großkunden zu gewinnen, um von den Geldgebern neues Kapital zu erhalten. Peter, der Vorstandsvorsitzende, versucht, seine Vertriebsmitarbeiter zu überzeugen, ihre Anstrengungen zu erhöhen.

„Wir sind im Moment in keiner rosigen Lage, ich möchte Ihnen da gar nichts vormachen. Unsere Zeit läuft langsam aus und wir stehen unter erheblichem Druck. Trotzdem glaube ich, dass wir es noch schaffen können. Es bedeutet natürlich doppelte Anstrengung in den nächsten Monaten, um unsere Ziele zu erreichen. Ich habe auch kein Patentrezept, wie wir vorgehen können, aber ich habe ein paar Ideen, die ich gerne mit Ihnen diskutieren möchte. Wir haben dafür jetzt den ganzen Vormittag Zeit …"

Neben einer ganzen Reihe anderer Dinge macht Peter in dieser kurzen Redepassage vor allem eines: Er gibt seine ehrliche Meinung zur Unternehmenssituation wieder. Er trägt keine Maske, sondern bringt nüchtern und offen auf den Punkt, wie es um das Unternehmen steht. Peter ist in dieser Situation authentisch und ehrlich.

Das Ehrlichkeitsprinzip besagt, dass es wichtig ist, ehrlich und ungekünstelt – also man selbst – zu sein und sich nicht zu verstellen. Es kommt an, wenn man sich nicht hinter einer Maske versteckt, sondern als Person sichtbar wird.

Ehrlichkeit hat noch mit einem anderen wichtigen Punkt zu tun. Und zwar mit Wahrheit. Wir sind an Wahrheit interessiert. Wir haben ein fundamentales Interesse daran, das Wahre zu sehen. Wenn wir hinter die Fassade blicken können, dann sehen wir die Wahrheit. Es wäre absolut paradox zu sagen: „Es ist nicht wahr, aber ich glaube es."

Tatsächlich basiert unsere ganze Kommunikation darauf, dass es wahre Dinge sind, die wir einander vermitteln. Unsere Kommunikation würde zusammenbrechen, wenn wir uns alle anlügen würden. Tatsächlich können wir gar nicht konsequent immer lügen. Die Lüge ist nur deshalb möglich, weil wir in der Regel auf Wahrheit zielen, weil das, was wir erzählen, in der Regel wahr ist. Eine Gesellschaft, in der jede Äußerung ihrer Sprecher gelogen wäre, können wir uns nicht vorstellen. Ehrlichkeit zielt auf Wahrheit und trifft damit auf eine Grundvoraussetzung von Verstehen und Kommunikation überhaupt.

BEISPIEL
Die folgende kleine Geschichte hat einer der beiden Autoren vor einiger Zeit erlebt:

„Ich wollte mir eine Digitalkamera kaufen. Schließlich bin ich in ein Fachgeschäft gegangen. Nachdem der Verkäufer gefragt hatte, wozu ich die Kamera benutzen möchte, hat er mir ein entsprechendes Gerät empfohlen. Und es war nicht das teuerste Gerät, das sie im Laden hatten, und auch nicht das Gerät mit der höchsten Auflösung. Der Verkäufer hat im Gespräch betont, dass es für meine Zwecke gar nicht darauf ankommt, eine Kamera mit größtmöglicher Auflösung zu besitzen.

Ich hatte im Gespräch das Gefühl, dass es dem Verkäufer wirklich darauf ankam, mir ein Gerät anzubieten, das genau meinen Bedürfnissen entsprach. Im Gespräch stellte er immer wieder die einzelnen Nachteile von Geräten heraus. Am meisten überrascht war ich aber, als ich für die Kamera, für die ich mich schließlich entschieden hatte, nach einer größeren Speicherkarte verlangte. Denn der Verkäufer sagte zu mir: „Am besten kaufen Sie dazu die 64-Megabyte Karte von X. Die reicht völlig aus." Ich wusste, dass ein anderes Kaufhaus diese Speicherkarte gerade im Angebot hatte. Der Verkäufer sagte: „Dann holen Sie sich die Karte am besten dort." Er hat mir also ein ganz anderes Geschäft empfohlen, wo ich ein günstigeres Angebot bekommen konnte. Diese Erfahrung hat dazu geführt, dass ich gleich noch eine zweite Kamera für meinen Geschäftspartner kaufte, was wiederum den Verkäufer positiv überraschte."

Viele Menschen wünschen sich dieses ehrliche Verhalten von anderen, glauben aber nicht, es selbst umsetzen zu können. Schnell sind Argumente zu hören, warum das nicht gehen kann: „Das würde mein Chef sicher nicht honorieren!" „Das würden meine Kunden ja nur ausnutzen." Oder: „Dann wäre ich ein gefundenes Fressen für meine Kollegen!"

Eine Erklärung für diese Befürchtungen sind mit Sicherheit schlechte bzw. ernüchternde Erfahrungen bei der Anwendung des Ehrlichkeitsprinzips. Viele haben auch Angst, Ehrlichkeit könne als Schwäche ausgelegt werden: Wer nicht ständig nach vorne powert, sondern auch seine Emotionen und persönlichen Gedanken zum Ausdruck bringt, gelte schnell als Versager oder Weichei.

Wir glauben, das Gegenteil ist der Fall. Ehrlichkeit ist ein Ausdruck von Stärke und Selbstbewusstsein. Nur wer selbstbewusst ist, wird auch das Risiko eingehen, das Ehrlichkeit immer mit sich bringt. In unseren Beratungsprojekten machen wir immer wieder die Erfahrung, dass Authentizität und Ehrlichkeit wichtige Überzeugungsfaktoren sind. Als Überzeuger machen Sie von Anfang an klar, was Sie tun können und wo Ihre Grenzen liegen. Sie versprechen keine Dinge, die Sie nicht halten können. So gewinnen Sie das Vertrauen der Menschen. Das Ehrlichkeitsprinzip hat viel mit dem Glaubwürdigkeitsprinzip zu tun, das wir Ihnen weiter unten noch vorstellen werden. Und anstelle eines Plädoyers für Ehrlichkeit begnügen wir uns mit einer schlichten Frage: Was spricht eigentlich wirklich dagegen, ehrlich zu sein?

Senden Sie Ich-Botschaften

Überlegen Sie sich, was Ihnen persönlich wirklich wichtig ist und wie Sie diese Themen ins Gespräch einbauen können. Welche Emotionen, die Sie bewegen, möchten Sie ausdrücken? Welche Dinge liegen Ihnen am Herzen? Ein gutes Mittel, seine Gefühlswelt zum Ausdruck zu bringen, sind so genannte Ich-Botschaften.

„Ich finde es irritierend, dass …"

„Es hat mich geärgert, dass …"

„Es war für mich total überraschend, dass …"

Ich-Botschaften sind subjektive Formulierungen. Bei bewertenden Äußerungen entfalten sie eine entschärfende Wirkung. Das lässt sich am besten an einem Beispiel verdeutlichen: Wenn Max sagt: „Dieses Bild ist total langweilig" und Moritz über dasselbe Bild sagt, es sei total interessant, dann sieht es so aus, als konkurrierten zwei „objektiv existierende Tatsachen" miteinander, von denen nur eine die Welt korrekt darstellen kann. Durch eine subjektive Ausdrucksweise kann dies bei gleichzeitigem Gewinn an Authentizität vermieden werden. Etwa durch diese Äußerungen: „Auf mich wirkt dieses Bild sehr interessant", „Auf mich wirkt es ziemlich langweilig."

Der zweite Vorteil subjektiver Formulierungen besteht darin, dass der Adressat diese Ich-Botschaft nicht in Abrede stellen kann. Wenn Max sagt: „Es hat mich gestern überrascht, dass du unseren Kunden sofort ein Angebot gemacht hast", dann kann Moritz das nicht abstreiten und hinzufügen: „Das glaube ich nicht." Es sei denn, Moritz würde Streit suchen. Hätte Max die Botschaft folgendermaßen formuliert: „Das war gar nicht gut, dass du gestern unseren Kunden sofort ein Angebot gemacht hast", so wäre Moritz vermutlich gleich in die Defensive gegangen: „Natürlich war das gut …"

ÜBUNG
Die Argumentation nach dem Ehrlichkeitsprinzip können Sie trainieren. Wir haben eine Übung aus dem Buch: „Die fünfte Disziplin" von

Peter Senge entlehnt und sie die „Linke-Spalte-Übung" genannt. Sie funktioniert folgendermaßen:

1. Denken Sie an eine knifflige Situation, in der Sie zum Beispiel jemanden für eine Idee gewinnen wollten oder mit ihm in Streit geraten sind.

2. Bereiten Sie ein Blatt Papier vor, das folgendermaßen beschriftet ist:

Was ich dachte	Was ich sagte
1.	1.
2.	2.
3.	3.
4.	4.
5.	5.
6.	6.
7.	7.
8.	8.
9.	9.
10.	10.

3. Schreiben Sie einen Dialog mit Ihrem Adressaten zu der Situation auf, die Sie vorher ausgewählt haben. Schreiben Sie diesen Dialog wie in einem Theaterstück in die rechte Spalte. Dabei kann es sich um ein tatsächlich geführtes Gespräch handeln. Sie schreiben es nun so auf, wie Sie sich daran erinnern oder wie Sie sich vorstellen,

dass es ablaufen könnte. Im zweiten Fall erfinden Sie also einfach einen Dialog. Wenn Sie das Gefühl haben, genug aufgezeichnet zu haben, dann stoppen Sie und wenden sich der linken Spalte zu.

4. In die linke Spalte schreiben Sie nun alle Gedanken, die Sie hatten, während Sie sprachen oder während Ihr Adressat sprach. Die linke Spalte wird also Ihre Gedanken enthalten, die parallel zu Ihrem Gespräch aufgetaucht sind.

5. Wenn Sie diese Aufgabe erledigt haben, dann betrachten Sie bitte einmal die linke Spalte mithilfe der folgenden Auswertungsfragen:

AUSWERTUNGSFRAGEN
- Welche Annahmen haben Sie stillschweigend über die andere Person gemacht?

- Welche Verallgemeinerungen haben Sie ungeprüft über die andere Person aufgestellt?

- Warum denken und empfinden Sie so?

- Warum haben Sie nicht ausgesprochen, was in der linken Spalte steht? Welche Dinge hätten Sie mit ein bisschen Mut auch äußern können? Warum haben Sie damit nicht zu mehr Ehrlichkeit beigetragen?

Mit dem Ehrlichkeitsprinzip kommt auch wieder das Gegenseitigkeitsprinzip ins Spiel. Wenn ich authentisch und ehrlich bin, senkt das die Hemmschwelle meines Gesprächspartners, ebenfalls authentisch und ehrlich zu sein. Übrigens lassen sich gerade komplexe Probleme und Auseinandersetzungen eigentlich nur dann umfassend und erfolgreich klären, wenn wirklich alle Gedanken und Gefühle zum Ausdruck gebracht werden, die die Gesprächspartner beschäftigen. Eine Konfliktlösung ohne ein hohes Maß an Ehrlichkeit wird zwangsläufig scheitern.

Das Sinnprinzip

Betrachten Sie einmal die folgenden Bilder. Diese Bilder bekamen Versuchspersonen zu sehen, als sie durch kleine Öffnungen in einer Wand blickten.

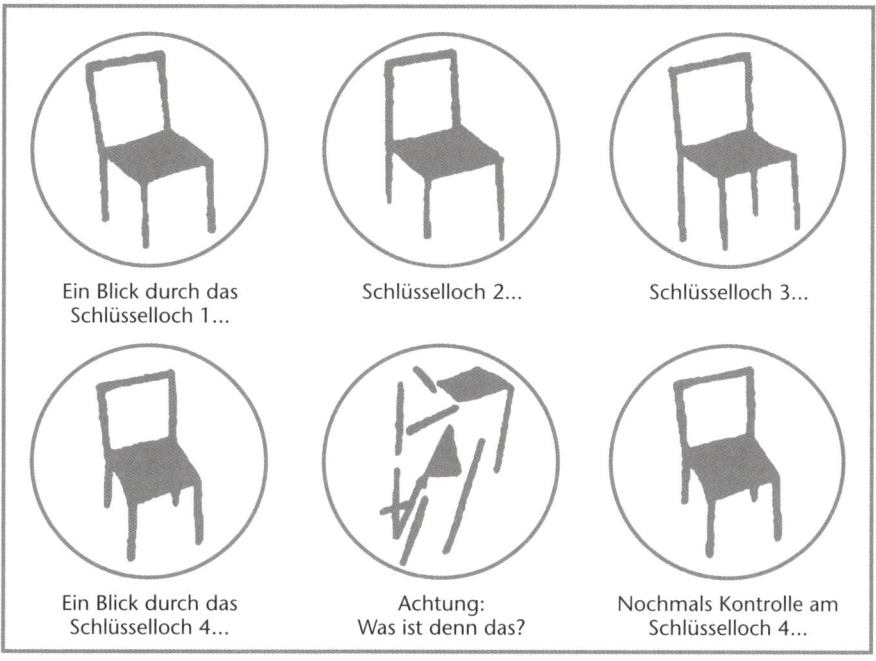

Abb aus: Martin Cohen, 101 Philosophy Problems, Routledge Verlag

Die Versuchsteilnehmer berichteten, dass sie auf dem ersten Bild einen Stuhl sahen. Sie wurden dann gebeten, ihren Eindruck zu bestätigen, indem sie durch drei weitere Gucklöcher schauten. Überall erkannten Sie einen Stuhl, der in verschiedenen Perspektiven dargestellt war. Ihre Überzeugung, dass es sich bei dem Bild um die Darstellung eines Stuhls handelte, wurde also verstärkt. Erschrocken und überrascht reagierten sie, als sie durch das fünfte Guckloch einen Blick warfen. Statt des Stuhls war hier ein Chaos aus Strichen und Flächen zu sehen. Im letzten Bild schien dann der Stuhl wieder aufzutauchen. In Wirklichkeit war der Stuhl aber die ganze Zeit über nur das Ergebnis der Einbildungskraft der Versuchsteilnehmer. Gleich das erste Bild interpretierten Sie als einen Stuhl und nicht einfach nur als eine Ansammlung von Strichen und Flächen.

WIR WOLLEN ALLEM EINEN SINN GEBEN

Dieses Experiment offenbart ein wichtiges Prinzip in unserem Leben: Wir versuchen, allem, was wir sehen, erleben und wahrnehmen, einen Sinn zu geben. Wir müssen das, was um uns herum geschieht, interpretieren, um es einordnen und in unser Meinungsnetz integrieren und einbetten zu können. Nur wenn wir das, was wir erleben, in unser Meinungsnetz einfügen können, verstehen wir es. Wir nennen dieses fundamentale Prinzip das Sinnprinzip.

Der berühmte Science-Fiction-Autor Stanislaw Lem beschäftigt sich in fast allen seinen Romanen mit diesem Prinzip und den Problemen, die daraus erwachsen können. In den Situationen, die er beschreibt, ist das Problem noch potenziert, weil man es mit außerirdischen Lebensformen zu tun hat. Die Grundfrage lautet immer: Wie ist das zu interpretieren, was wir hier gerade sehen oder erleben? Das Dilemma besteht darin, dass man das Fremde mit menschlichen Kategorien zu verstehen oder zu interpretieren sucht. Die Interpretation erfolgt stets vor dem Hintergrund der eigenen Logik und des eigenen Weltbilds. Davon können wir uns nicht lösen.

Wir versuchen also, unseren Erfahrungen einen Sinn zu geben. Je mehr Sinn wir erkennen können, desto verständlicher werden die Erfahrungen für uns. Wir unterliegen dem Zwang, alles in einen Sinnzusammenhang aus Kausalität, Absichten, Motiven, Zielen und Überzeugungen zu stellen.

Was bedeutet das für unsere Überzeugungsarbeit? Je besser wir eine Behauptung in eine plausible, kohärente, in sich schlüssige Geschichte einbetten können, desto größer wird ihre Zugkraft. Deshalb spielen Geschichten auch bei der Präsentation von Standpunkten eine große Rolle. Denn dadurch betten wir das, was wir sagen oder worauf wir hinaus möchten, in einen größeren, sinnvollen Kontext ein.

Die Wirksamkeit des Sinnprinzips wird in solchen Situationen am offenkundigsten, in denen es gestört ist oder außer Kraft gesetzt scheint. Wenn etwas unverständlich ist, rettet uns der Humor, die Absurdität.

BEISPIEL

Herr A trifft spät nachts Herrn B, der auf allen Vieren unter einer Straßenlaterne den Boden absucht.

A: Was machen Sie denn da?

B: Ich suche meinen Geldbeutel.

A: Wo haben Sie ihn denn zuletzt gehabt oder gesehen?

B: Ich erinnere mich, dass er mir auf einer Wiese etwa einen Kilometer von hier runtergefallen ist.

A: Ja, glauben Sie denn, dass jemand ihn hierher gebracht hat?

B: Nein, aber ich suche hier, weil es unter der Lampe viel heller ist.

Ein wichtiges Unterprinzip des Sinnprinzips ist das **Konsistenzprinzip**, das sich überall im Alltag bemerkbar macht. Wir könnten es auch das „Wer-A-sagt-muss-auch-B-sagen-Prinzip" nennen. Sobald wir uns auf eine Position festgelegt haben, entsteht ein Drang, uns in Einklang mit dieser Position zu verhalten. *Cialdini* schildert in seinem Buch: *„Die Pyschologie des Überzeugens"* ein interessantes Experiment, das wir hier wiedergeben möchten, weil es das Konsistenzprinzip sehr gut verdeutlicht.

„Betrachten wir, was passierte, als Forscher an einem New Yorker Strand Diebstähle vortäuschten, um zu sehen, ob Zuschauer das Risiko eingingen, sich mit dem Täter anzulegen. In der Studie breitete ein Komplize der Wissenschaftler etwa anderthalb Meter neben einem zufällig ausgewählten Menschen – der Versuchsperson – ein Strandtuch aus. Nachdem er es sich ein paar Minuten auf dem Tuch bequem gemacht und Musik aus einem tragbaren Radio gehört hatte, stand er auf und schlenderte, ohne seine Sachen mitzunehmen, den Strand hinunter. Kurz danach kam einer der Versuchsleiter vorbei und täuschte einen Diebstahl vor. Er griff nach dem Radio und versuchte, sich damit aus dem Staub zu machen. Wie Sie sich denken können, scheuten die meisten Versuchspersonen unter normalen Bedingungen vor

dem Risiko eines aktiven Eingreifens zurück: Nur vier von 20 Personen versuchten, etwas gegen den Dieb zu unternehmen. Als aber das gleiche Experiment weitere zwanzig Male mit einer leichten Abwandlung durchgeführt wurde, ergaben sich ganz andere Resultate. Bei diesen Durchgängen bat der Komplize, ehe er seinen Platz verließ, die Versuchsperson, auf seine Sachen aufzupassen, was alle zusagten. Nun – unter dem Druck der Konsistenzregel – wurden 19 der 20 Versuchspersonen praktisch zu Wachmännern und verfolgten und stoppten den Dieb, verlangten eine Erklärung von ihm und hielten ihn, oft unter Einsatz körperlicher Gewalt, fest oder entwendeten ihm das Radio." (Cialdini, S. 84)

Hat man eine Verpflichtung für eine bestimmten Position abgegeben, so entsteht Konsistenzdruck, das heißt Druck, im Einklang mit der Verpflichtung zu handeln.

Welche Strategien kann der Überzeuger aus dem Sinn- und Konsistenzprinzip ableiten?

STELLEN SIE IHRE POSITION IN EINEN ZUSAMMENHANG

Begründen Sie Ihre Position sauber und erklären Sie auch die größeren Zusammenhänge, in denen Ihre Position zu sehen ist. Auf diese Weise wird für den Adressaten verständlich, welchen Sinn das Ganze haben könnte oder warum etwas getan oder geglaubt werden sollte. Je plausibler und damit verständlicher die Behauptung des Überzeugers ist, desto mehr Zugkraft entwickelt sie.

- In einem Delegationsgespräch ist es zum Beispiel wichtig, Hintergrund, Sinn und Zweck der delegierten Aufgaben zu verdeutlichen.

- Wenn in einem Unternehmen ein Leitbild eingeführt werden soll, sind allen Beteiligten die Hintergründe und Ziele zu erläutern.

- Bei der Entwicklung von Zielen für ein Team ist immer das Gesamtziel der Abteilung bzw. des Unternehmens im Auge zu behalten.

BLEIBEN SIE IM EINKLANG MIT IHREN ÄUSSERUNGEN UND VERLANGEN SIE DAS AUCH VON ANDEREN

Als geschickter Überzeuger nehmen Sie den Adressaten und sich selbst beim Wort. Leiten Sie aus den Äußerungen und Stellungnahmen des Adressaten Dinge ab, die mit Ihren Meinungen zusammenpassen. Das heißt nicht, dass Sie den Adressaten mit Erbsenzählmaschine und Goldwaage in die Enge oder in den Wahnsinn treiben sollen. Es geht vielmehr darum, durch Konsistenzüberlegungen Verbindungen zwischen Ihrer Argumentation und seinem Meinungsnetz herzustellen.

Wie wirkungsvoll das Konsistenzprinzip ist, erleben wir immer wieder in Rollenspielen in unseren Seminaren. In einem Rollenspiel ist natürlich nicht alles fixiert. Und so passiert es manchmal, dass jemand dem anderen unterstellt, etwas gesagt oder getan zu haben. „Sie haben doch letztes Jahr behauptet …" Obwohl dies frei erfunden ist, nimmt der Gesprächspartner diesen Punkt meistens auf und akzeptiert ihn. Das bringt ihn natürlich in Bedrängnis. Er muss seine Position nämlich neu ausrichten.

SUCHEN SIE NACH WIDERSPRÜCHEN IN DER ARGUMENTATION DES ADRESSATEN

Halten Sie die Ohren offen. Wo verheddert sich der Adressat? Gibt es Punkte, die nicht zusammenpassen? Falls Sie auf solche Widersprüche stoßen, thematisieren Sie diese behutsam und knüpfen Sie mit Ihrer Argumentation an der geklärten Stelle an.

Das Glaubwürdigkeitsprinzip

Im Gespräch mit Mitarbeitern hören wir ziemlich oft folgende Klagen über ihre Vorgesetzten: „Man weiß eigentlich nie genau, woran man bei ihm ist." „Einmal sagt er so, dann wieder so." „Er ist in seinen Entscheidungen ständig unsicher …" „Wenn er nur einmal eine Entscheidung treffen würde, dann wäre uns sehr geholfen…" Diese Klagen weisen auf ein massives Glaubwürdigkeitsproblem hin.

Glaubwürdigkeit schöpft sich aus einer Reihe von Quellen. Eine davon ist Authentizität. In diesem Abschnitt möchten wir ein paar zusätzliche Quellen nennen, die uns wichtig erscheinen und in Überzeugungssituationen Erfolgsfaktoren darstellen:

- Autorität und Erfahrung

- Ein wahrnehmbarer klarer Wertestandpunkt

- Übereinstimmung von Sprechen und Handeln

- Ethisches Verhalten und Integrität

Autorität und Erfahrung

Eine der wichtigsten Quellen für Glaubwürdigkeit ist die Autorität bzw. Expertise, die man hat. Wenn man Experte für etwas ist, dann erübrigt sich oft die Diskussion. Der Arzt überzeugt mich im Wesentlichen durch sein Expertenwissen bzw. mein Vertrauen in sein Expertenwissen davon, dass die Therapie X durchgeführt werden sollte. Über Expertenwissen zu verfügen heißt nicht nur, dass man über spezielles, in einem Studium oder einer Lehre erworbenes Wissen verfügt. Es ist natürlich auch möglich, dass man auf einem bestimmten Gebiet einfach so viele und wichtige Erfahrungen gesammelt hat, dass man von anderen als Experte anerkannt wird.

Der Autoritätsstatus sowie das Wissen und die Erfahrungen, über die man verfügt, stellen eine wichtige Glaubwürdigkeitsquelle dar. Ein ebenso interessantes wie erschreckendes Phänomen ist, dass die Menschen Experten und Autoritäten oft Glauben schenken, ohne diese auch nur im Geringsten zu hinterfragen. Diese Autoritätshörigkeit hat sich auch in einem berühmten Experiment niedergeschlagen, das von dem Psychologieprofessor Milgram durchgeführt wurde.

Beim Milgram-Experiment sollte herausgefunden werden, welchen Einfluss Bestrafungen auf das Lernen und das Gedächtnis haben. In Anwesenheit des

Forschers und Versuchsleiters mussten die Versuchsteilnehmer den vermeintlichen Probanden (in Wirklichkeit handelte es sich um Schauspieler) Elektroschocks verabreichen, wenn diese Fehler machten. Die Anweisungen des Forschers (der Autorität) wurden nie in Frage gestellt. Wenn er anordnete, dem Probanden einen höheren Stromstoß zu verpassen, so wurde dies ausgeführt, auch wenn der Proband flehentlich bat, damit aufzuhören. Zwei Drittel aller Versuchsteilnehmer legten alle 30 Schalter (die Zahl der Schalter bestimmte die Elektroschock-Stärke), mit denen der angebliche Elektroschock ausgelöst wurde, um. Keine der 40 Versuchspersonen stieg aus dem Experiment aus. Es zeigte sich außerdem, dass Männer wie Frauen gleich reagierten. Auch Bildung und Alter hatten keinen Einfluss auf den Ausgang dieses Autoritätsexperiments. Dieses Experiment zeigt auf erschreckende Weise, welche Macht Autoritäten haben können. Und leider zeigt das auch ein Blick in die Weltgeschichte.

WIE KÖNNEN SIE DEN AUTORITÄTSEFFEKT NUTZEN?

Es kann Ihre Überzeugungskraft durchaus stärken, auf Ihre eigenen Erfahrungen oder Ihr Expertenwissen hinzuweisen. Wichtig ist dabei natürlich, dass Ihre Angaben richtig sind – und dass Sie auf dem Teppich bleiben. Ein Wochenendausflug mit Seilbahn auf den Jenner bei Berchtesgaden reicht nicht aus, um Reinhold Messners neuesten Expeditionsbericht kompetent zu kritisieren („Also, ich hätte das mit dem letzten Hochlager auf 8.200 Metern ganz anders gemacht!"). Entscheidend ist unseres Erachtens, dass Sie mit Ihrem Expertentum nicht protzen, aber damit auch nicht hinter dem Berg halten, wenn es Ihre Überzeugungskraft stärken kann. Gerade wenn Ihr Expertenwissen direkt zum Nutzen oder Vorteil des Adressaten eingesetzt werden kann, halten wir falsche Bescheidenheit für unangebracht.

Werte

Ein zweite Quelle der eigenen Glaubwürdigkeit ist ein klarer Wertestandpunkt. Sie gewinnen an Glaubwürdigkeit, wenn deutlich wird, für welche Werte Sie stehen, was Ihnen wichtig ist. Sie zeigen dadurch Flagge und gewinnen an Kontur. Wir kennen viele erfolgreiche Führungskräfte. Einige von ihnen sind sehr diplomatisch, andere können durchaus aufbrausend und gelegentlich auch autoritär sein, wieder andere würde man von außen vielleicht als chaotisch bezeichnen. Alle diese Führungskräfte sind erfolgreich, obwohl sie ganz unterschiedliche Charaktere haben. Was sie eint, ist, dass sie über einen präzisen Wertestandpunkt verfügen, genau wissen, worin ihre zentrale Aufgabe besteht, dies in ihrem Handeln umsetzen und ihre Mitarbeiter die klare Linie der Führungskraft wahrnehmen und sich darauf verlassen. So entsteht ein solides Vertrauensfundament, die Grundvoraussetzung für den Erfolg einer Führungskraft.

WARUM IST EIN WERTESTANDPUNKT WICHTIG?

Er hilft, Prioritäten zu setzen, präzise Entscheidungen herbeizuführen und fundierte Begründungen zu geben. Wer weiß, was ihm wichtig ist, worauf es ihm ankommt, kann dies in Gesprächen immer wieder als Begründungs- und Entscheidungsmaßstab nutzen. Dadurch entsteht eine wahrnehmbar klare Linie im eigenen Verhalten. Der Adressat wird deutlich erkennen, wofür der Überzeuger steht.

BEISPIEL

Ein Krankenhaus schreibt rote Zahlen. Es besteht die Gefahr, dass es an einen privaten Träger verkauft werden muss. In dieser Situation entscheidet der Landrat, dem Krankenhaus noch eine Gnadenfrist zu gewähren, um aus dem Defizit herauszukommen. Dazu wird ein neuer Verwaltungsleiter bestellt. Es handelt sich um einen jungen Mann, der zunächst im Landratsamt tätig war. Nennen wir ihn Konrad. Konrad gilt als sehr umgänglich und als jemand, der schnell mal umkippen kann, wenn man ihn nur ausgiebig genug bearbeitet. Da rechnen sich vor allem die Chefärzte im Krankenhaus eine gute Möglichkeit aus, ihre Interessen durchzusetzen. Deshalb unterstützen sie auch nachdrücklich die Berufung Konrads zum Verwaltungsleiter.

Konrad wusste um seine Schwäche. Und bevor er die Stelle antrat, machte er sich genaue Gedanken darüber, worauf es ihm ankam, für welche Werte er stehen wollte und worin er seine zentrale Aufgabe als Verwaltungsleiter sah. Er formulierte seinen Wertestandpunkt schriftlich für sich selbst. Das sollte eine Art Richtschnur für ihn sein, an der er sich selbst messen wollte:

„Meine zentrale Aufgabe sehe ich darin, die vom obersten Management gesetzten Unternehmensziele zu erreichen – bei Beachtung des im Hause installierten Qualitätsmanagementsystems. Dabei sollen alle Mitarbeiter gleichermaßen fair und gerecht behandelt werden."

Der erste Satz beschrieb den so genannten Fokus, den sich Konrad gesetzt hat, also seinen mittel- bis langfristigen Beitrag zum Erfolg der Organisation. Der letzte Satz beschrieb die speziellen Werte, um die es Konrad insbesondere ging.

Im Vordergrund standen die Werte „Fairness" und „Gerechtigkeit". Nachdem Konrad klar war, worauf es ihm besonders ankam, machte er dies bei allen Entscheidungen und in allen Gesprächssituationen immer wieder deutlich. Viele unliebsame Entscheidungen begründete er mit diesem klaren Wertestandpunkt.

Die Geschichte hat ein Happy End. Das Krankenhaus konnte gerettet werden. Konrad hat durch seine klare Linie ein großes Maß an Glaubwürdigkeit gewonnen. Dabei ist ihm bewusst, dass ihn nicht jeder liebt. Denn einigen Personen musste er massiv auf die Füße treten. Aber auch die Leute mit den breiten Zehen erkennen an, dass er sich niemals unfair verhalten hat.

Diese Geschichte ist ein Beispiel dafür, dass man mit einem klaren Wertestandpunkt, der auch nach außen kommuniziert wird und an dem man sein Handeln ausrichtet, eine hohe Glaubwürdigkeit erzielt. Ach ja, wie sieht denn Ihr Wertestandpunkt genau aus?

Übereinstimmung von Sprechen und Handeln

Als dritte Quelle der Glaubwürdigkeit haben wir das Übereinstimmen von Sprechen und Handeln genannt. Oft sprechen Handlungen lauter als Worte. Die Überzeugungskraft schöpft sich nicht nur aus dem, was man sagt, sondern auch aus dem, was man tut. Gerade für Führungskräfte ist es ein vernichtendes Urteil, wenn ihre Mitarbeiter und Kollegen von ihnen sagen: „Ach der redet ja nur, der tut doch nichts."

Wenn Sie Ihr Handeln mit Ihrem Sprechen in Einklang bringen und sich bewusst sind, dass man Sie auch an Ihren Handlungen misst, dann können Sie als Überzeuger Punkte sammeln.

BEISPIEL

Die Uhrenwelt AG, ein traditioneller Uhrenhersteller, kann sich seit einigen Jahren gerade so über Wasser halten. Gott sei Dank spielen die Banken immer noch mit und verlängern ihre Kreditlinien. Es hat sich herausgestellt, dass das Unternehmen ein massives Qualitätsproblem hat. Dieses Problem gilt es in den Griff zu bekommen. Gundula ist die neue Vorstandsvorsitzende. Sie hat es mit einer eher mäßig motivierten Belegschaft zu tun. Viele Mitarbeiter denken, dass wahrscheinlich wieder ein neuer Sparkurs gefahren wird, den man auf ihrem Rücken austrägt.

Als eine der ersten Maßnahmen beruft Gundula eine Betriebsversammlung. Sie hält eine Brandrede. Schonungslos klärt sie die Mitarbeiter über den tatsächlichen Zustand des Unternehmens auf. Viele Mitarbeiter sind schockiert, als sie mit den finanziellen Tatsachen konfrontiert werden. Gundula vertritt dennoch eine optimistische Grundhaltung. Sie glaubt, dass das Unternehmen aus eigener Kraft sein Überleben sichern kann. Wichtig ist dabei jedoch, dass einige Probleme so schnell wie möglich gelöst werden. Sie zählt alle Probleme auf. Gundula macht darauf aufmerksam, dass alle im Unternehmen zusammenarbeiten müssen, wenn man erfolgreich sein will.

Viele Mitarbeiter sind beeindruckt von der Ehrlichkeit ihrer neuen Chefin und von der Dynamik, die sie ausstrahlt. Aber die skeptische und reservierte Haltung überwiegt. Am Tag nach der Betriebsversammlung bekommt diese Skepsis jedoch massive Risse. Als die Mitarbeiter am Werkstor ankommen, sehen sie, dass die für die Vorstände und für das obere Management reservierten Parkplätze abgeschafft sind. Sie bekommen mit, dass die Vorstandskantine geschlossen wird und nun auch das Management in der normalen Mitarbeiterkantine sein Essen einnimmt. Außerdem hat Gundula beschlossen (wenn sie sich mit dem Betriebsrat einigen kann), das Stechuhrsystem abzuschaffen. Gundula hat ihren Worten also die entsprechenden Taten folgen lassen. Und diese Taten überzeugen die Mitarbeiter letztlich davon, dass in ihrem Unternehmen tatsächlich etwas geschieht.

Persönliche Integrität und ethisches Verhalten

Als vierte Quelle der Glaubwürdigkeit betrachten wir persönliche Integrität und ethisches Verhalten. Persönliche Integrität hängt natürlich zum einen mit einem klaren Wertestandpunkt und dem Übereinstimmen von Sprechen und Handeln zusammen. Aber sie hängt auch vom ethischen Verhalten der Person ab. Selbst auf die Gefahr hin, als „Moralapostel" abgestempelt zu werden, glauben wir, dass sich ethisches Verhalten auszahlt und in hohem Maße zur eigenen Glaubwürdigkeit beiträgt. Gerade solche Aspekte wie Fairness oder Gerechtigkeit spielen eine nicht zu unterschätzende Rolle in unserer Zusammenarbeit mit anderen Menschen. Das Gerechtigkeitsempfinden der Menschen kann sehr leicht reine Kosten-Nutzen-Überlegungen aushebeln.

Dies lässt sich gut am so genannten Ultimatum-Spiel zeigen. Dabei werden die Spielteilnehmer zu einem Gedankenexperiment aufgefordert. Wir stellen Ihnen eine Variante dieses Spiels vor.

DAS ULTIMATUM-SPIEL
Wie würden Sie in folgendem Fall entscheiden?

Sie reisen in einem Flugzeug, sie sitzen an einem Gangplatz; in der Mitte neben ihnen sitzt eine elegante, etwas exzentrisch aussehende Dame. Am Fenster sitzt ein Geschäftsmann. Nach 30 Minuten macht die Frau folgendes Angebot: „Ich langweile mich sehr oft auf solch langen Flügen, ich möchte Ihnen gern folgendes Angebot machen: Ich habe hier 1.000 Euro, die gehören Ihnen, wenn Sie sich darauf einigen können, wie Sie den Betrag teilen. Es gibt jedoch zwei Regeln: Sie müssen entscheiden (sie wendet sich dem Geschäftsmann zu), wie das Geld aufgeteilt wird; dann werden Sie (sie wendet sich Ihnen zu) entscheiden, ob Sie es akzeptieren. Wenn Sie es akzeptieren, dann wird das Geld genauso aufgeteilt, wie der Herr rechts neben mir entschieden hat. Wenn Sie es nicht akzeptieren, dann bekommt keiner von Ihnen etwas." Sie stimmen beide zu, das Spiel zu spielen. Der Geschäftsmann denkt nach und macht folgenden Vorschlag: „Wir teilen so: Ich bekomme 950 und Sie 50 Euro." Nehmen Sie das Angebot an?

Die meisten Menschen halten das Verhalten des Geschäftsmannes für unfair, manche auch das Verhalten der Frau, die das „perfide" Angebot macht. Viele lehnen das Angebot ab und verzichten auf 50 Euro. Dieses Beispiel zeigt sehr deutlich, dass ethische Prinzipien in unseren Interaktionen eine wichtige Rolle spielen – und dass sie oft wichtiger sind als reine Kosten-Nutzen-Überlegungen. Für den Überzeuger heißt das, ganz bewusst Gerechtigkeitsüberlegungen in seiner Argumentation zu berücksichtigen.

In einem Seminar, in dem wir das Ultimatum-Spiel einmal durchgeführt haben, hat sich übrigens eine Gruppe dafür entschieden, das Geld zu nehmen, dem Geschäftsmann aber gleich nach Verlassen des Flugzeugs eine ordentliche Tracht Prügel zu verpassen. Auch eine Form, Nutzen- und Gerechtigkeitsdenken in Einklang zu bringen.

Fairness, Zuverlässigkeit, Ehrlichkeit, das Einhalten von Vereinbarungen, das prompte Erfüllen von Zusagen und Versprechen, die Rücksichtnahme auf „schwächere" Personen, keine Manipulation des Adressaten – all dies sind ethische Standards, deren Befolgung eine Grundvoraussetzung für vertrauensvolle Beziehungen ist. Dabei bestimmt ethisches Verhalten auch unsere Identität als Personen. Denn wer wir sind und wie wir gesehen werden, hängt zu einem großen Teil von unseren Handlungen ab.

Ist es also nicht erlaubt zu lügen? Muss man immer die Wahrheit sagen? Kant würde sagen: „Ja". Wir aber glauben, dass man diese Frage nicht so ohne weiteres beantworten kann. Denn es sind Situationen vorstellbar, in denen eine Lüge vielleicht Menschenleben retten kann. Nichtsdestotrotz sollte man seine eigene ethische Messlatte so hoch wie möglich legen. Denn es dient Ihrer Glaubwürdigkeit, Ihrer Integrität und Ihrer Selbstachtung.

Das Beteiligungsprinzip

„Betroffene zu Beteiligten machen" – dieses Motto ist altbekannt. Jeder, der ein Seminar über Projektmanagement oder Veränderungsmanagement besucht hat, wird diesen Slogan schon einmal gehört haben. Dennoch ist es verwunderlich, wie wenig dieses Prinzip beherzigt wird. Wir wollen am Ende des Kapitels dieses so genannte Beteiligungsprinzip der Vollständigkeit halber erwähnen, ohne es in aller Tiefe zu diskutieren. Denn das Prinzip scheint uns im Grunde eine Selbstverständlichkeit zu sein.

In unseren Beratungsprojekten haben wir immer wieder die Erfahrung gemacht, dass die Beteiligung der Betroffenen ein entscheidender Schritt zum Projekterfolg ist. Dabei kann Beteiligung situationsbedingt alles Mögliche heißen: bloße Information, seine Meinung beitragen oder aktive Mitwirkung.

Oft begegnet uns der Einwand, dass man gar nicht alle beteiligen könne, das würde nie funktionieren. Aber oft wollen die meisten ohnehin nicht in Form einer aktiven Maximalmitwirkung beteiligt, sondern schlicht und einfach ehrlich und offen informiert und um ihre Meinung gefragt werden. Sie wollen, dass ihre Meinungen Gehör finden. Das ist wirklich nicht zuviel verlangt.

WIE KÖNNEN SIE DAS BETEILIGUNGSPRINZIP NUTZEN?
- Lassen Sie den Adressaten aktiv an der Lösungssuche mitwirken. Umreißen Sie das Vorhaben nur grob und beziehen Sie ihn bei der Detailarbeit mit ein.

- Holen Sie sich die Meinung des Adressaten ein. Wenn er eine gut begründete Position hat, bewegen Sie sich und bauen auf seinen Ideen auf.

- Beziehen Sie den Adressaten bereits frühzeitig in die Problemlösung ein, beispielsweise schon bei der Datensammlung. Holen Sie öfter die Meinung des Adressaten ein, wenn er über das entsprechende Expertenwissen verfügt.

Fassen wir die wichtigsten Ergebnisse dieses Kapitels in Form einer Fragenliste zusammen.

Schaffen Sie ein positives Gesprächsklima

GEGENSEITIGKEITSPRINZIP	• Haben Sie versucht, die Position Ihres Adressaten zu verstehen? • Gibt es Wege, auf denen Sie dem Adressaten entgegengehen können? Welche ersten Schritte könnten Sie unternehmen?
ÄHNLICHKEITSPRINZIP	• Welche Ähnlichkeiten oder Gemeinsamkeiten gibt es zwischen Ihnen und dem Adressaten? • Welche Ähnlichkeitsaspekte können Sie möglicherweise argumentativ nutzen?
EHRLICHKEITSPRINZIP	• Welche Meinungen, Empfindungen und Emotionen sollten Sie offen zum Ausdruck bringen? • Welche Ich-Botschaften könnten hilfreich sein?
SINNPRINZIP	• In welchen umfassenderen Kontext oder Erklärungsrahmen können Sie Ihre Position einbetten? • Auf welche Positionen wird sich der Adressat festlegen lassen? • Können Sie in der Position Ihres Adressaten einen Widerspruch aufzeigen?

GLAUBWÜRDIGKEITSPRINZIP	• Wie können Sie Ihr Expertenwissen zum Ausdruck bringen? • Welchen Wertestandpunkt haben Sie, von dem aus Sie argumentieren können? • Durch welche Taten könnten Sie Ihre Worte unterstreichen? • Welchen ethischen Standards fühlen Sie sich verpflichtet?
BETEILIGUNGSPRINZIP	• Wie können Sie den Adressaten stärker mit einbeziehen?

Pull-Strategien: sanft, aber effektiv

Auf den folgenden Seiten werden wir uns mit Pull-Strategien beschäftigen. Pull-Strategien gehen weniger offensiv vor als Push-Strategien. Sie beziehen den Adressaten stärker ein. Zur Anwendung kommen Pull-Strategien vor allem in Vier-Augen-Gesprächen, also in Situationen, die einen stärker dialogischen Charakter haben.

Wir stellen Ihnen zunächst zwei Instrumente vor, die in allen Arten von Gesprächssituationen eine wichtige Rollen spielen, insbesondere auch in Überzeugungsgesprächen, nämlich:

- Fragestrategien und

- Zuhörmethoden.

Sie sind beim Aufbau von Vertrauen, bei der Nutzung des Beteiligungsprinzips und des Gegenseitigkeitsprinzips unverzichtbar. Danach schauen wir uns an, wie Sie ein Überzeugungsgespräch konkret anpacken und aufbauen können. Es folgen Anregungen, wie Sie zwei Modelle, die Sie schon kennen gelernt haben, auch in dialogischen Situationen nutzen können. Danach betrachten wir ein paar Aspekte, die sprachliche Formulierungen betreffen. Welche Worte Sie benutzen, hat nämlich manchmal erheblichen Einfluss darauf, wie leicht oder wie schnell jemand Ihren Standpunkt akzeptiert.

Mit geschickten Fragen ans Ziel

Fragen sind eines der wichtigsten Instrumente bei einer Pull-Strategie.

- Sie sind das einfachste und wirkungsvollste Mittel, um den Adressaten möglichst intensiv am Gespräch zu beteiligen.

- Durch Fragen zeigen Sie sich von Anfang an als Partner und nicht als Gegner.

- Wer fragt, führt. Stellen Sie Fragen und Sie bestimmen die Richtung des Gesprächs, auch wenn Sie weniger Redeanteile haben.

Das Gute an Fragen ist: Sie „zwingen" zu einer Reaktion. In unseren Kommunikationsseminaren demonstrieren wir diese Eigenschaft von Fragen manchmal in einem sehr einfachen Spiel. Wir nennen es „Der heiße Stuhl", in Anlehnung an eine Sendung, die es vor ein paar Jahren im deutschen Fernsehen zu sehen gab. Bei diesem Spiel übernimmt jemand die Rolle einer bekannten Persönlichkeit. In dieser Rolle nimmt er dann auf dem so genannten heißen Stuhl Platz. Vor ihm sitzen „kritische Journalisten", die ihn mit allen Arten von Fragen bombardieren dürfen. Derjenige, der auf dem heißen Stuhl sitzt, muss auf alle Fragen mit einer Gegenfrage kontern.

„Halten Sie Ihr Verhalten nicht für unmoralisch?"

> *„Inwiefern sollte das unmoralisch sein?"*

„Können Sie so ein Vorbild für die Kinder sein?"

> *„Was erwarten Sie denn von einem Vorbild?"*

„Haben Sie keine Angst, die Menschen zu enttäuschen?"

> *„In welchem Zusammenhang steht das denn zu meiner zentralen These?"*

Ungefähr so sieht das Frage- und Gegenfragemuster aus, das sich in diesem Spiel schnell ergibt. Die interessante Erfahrung dabei ist: Sobald man eine Gegenfrage stellt, fühlt sich der „Journalist", der mit einer Frage startete, unwillkürlich zu einer Antwort aufgefordert. Es wird offensichtlich, wie schnell der Gesprächsball zurückgeschleudert werden kann und in welchen Automatismus man leicht gerät, wenn man eine Frage gestellt bekommt.

FRAGEN IST KLÜGER

Die Frage wird als Kommunikationsmittel oft unterschätzt. Viele Menschen glauben, sich im Gespräch nicht durchsetzen zu können, wenn Sie erst einmal mit Fragen und nicht mit der Präsentation ihres Standpunktes beginnen. Das Gegenteil ist richtig: Gerade durch den Einsatz von Fragen erhöhen Sie die Chance, eine positive Beziehung zu Ihrem Gesprächspartner aufzubauen und Ihr Gesprächsziel zu erreichen.

Wir wollen Ihnen in diesem Abschnitt ein paar spezielle Fragemethoden vorstellen, die besonders in Überzeugungssituationen nützlich sind. Wenn Sie sich mit dem Thema Kommunikation schon etwas ausführlicher beschäftigt haben, wird Ihnen der eine oder andere Aspekt nicht neu sein. Vielleicht gelingt es uns aber, Ihnen ein paar neue Einsichten zum Thema Fragen zu vermitteln. Wir beginnen zuerst mit dem Klassiker der Fragetechnik schlechthin, mit geschlossenen und offenen Fragen. Dann wollen wir Ihnen ein paar interessante Instrumente vorstellen, die wir mit eigenen Namen versehen haben. Wir nennen sie:

- Präzisierungstrichter,

- Metaskop,

- Analysefilter,

- Lösungsangel und

- Sokrates-Methode.

Geschlossene und offene Fragen

Was ist der Unterschied zwischen offenen und geschlossenen Fragen? Die Antwort auf eine offene Frage fällt in der Regel länger und ausführlicher aus, während geschlossene Fragen sehr knapp beantwortet werden können.

Offene Fragen haben die Tendenz, den Adressaten stärker in das Gespräch einzubeziehen. Sie regen den Adressaten zum Nachdenken an, laden ihn ein, sich intensiver mit einer Sache auseinander zu setzen und eigene Lösungsvorschläge vorzubringen. Durch offene Fragen erfährt man in der Regel mehr als durch geschlossene.

BEISPIELE FÜR OFFENE FRAGEN
Wie müsste eine Lösung Ihrer Meinung nach aussehen?

Wie denken Sie denn darüber?

Wie äußert sich das Problem genau?

Welche Konsequenzen würden sich daraus für Sie ergeben?

Im Gegensatz dazu können geschlossene Fragen ganz kurz mit einer Geste oder einem Wort beantwortet werden.

BEISPIELE FÜR GESCHLOSSENE FRAGEN
Möchten Sie darüber noch einmal nachdenken?

Sind Sie einverstanden, wenn wir das Gespräch morgen weiterführen?

Wie spät ist es?

Haben Sie eine Entscheidung getroffen?

Ganz allgemein tendieren wir in Gesprächen, auch in Überzeugungsgesprächen, sehr häufig dazu, geschlossene Fragen zu stellen. Wir nutzen nur selten die Kraft, die gerade in offenen Fragestellungen liegt. Besonders dann, wenn wir die Anliegen des Adressaten deutlich machen, seine Interessen und Bedürfnisse herausarbeiten wollen, sind offene Fragen das geeignete Mittel. Auch wenn der Adressat eher zögert, vielleicht sogar unkooperativ ist, können offene Fragen wertvoll sein.

BEISPIEL

Maria ist Beraterin für ein Pharmaunternehmen. Sie führt ein Gespräch mit einem Arzt. Er wirkt abweisend und einsilbig. Maria präsentiert im Gespräch eine neue Studie zu einem Medikament, dann stellt sie eine gute, öffnende Frage: „Was bedeutet denn diese Studie für Sie?" Der Arzt will gerade auf die Frage reagieren, als Maria einen entscheidenden Fehler macht. Sie hängt nämlich an die offene Frage eine zweite Frage an: „Was heißt denn diese Studie für Sie? Das ist doch für Sie sicher auch interessant?" Die Antwort des Arztes auf diese Kettenfrage mit der geschlossenen Frage als Abschluss lautete: „Ja, sicher." Sie hat durch ihre Frage also genau das Verhalten provoziert, das sie eigentlich vermeiden wollte: Einsilbigkeit.

IN DIESEN FÄLLEN STELLEN SIE OFFENE FRAGEN:

- Sie benötigen mehr Hintergrundinformationen von Ihrem Adressaten, zum Beispiel zu seinen Zielen, Interessen, Motiven, Werten und Normen. Das sind Informationen, die Sie als Ankerpunkte für Ihre Argumentation nutzen können (denken Sie an das Kapitel über Argumentationsstrategien!).

- Sie wollen ein konstruktives, offenes Gespräch in Gang bringen, damit es zu einem wirklichen Austausch von Meinungen und Ideen kommt.

- Sie möchten den Adressaten stärker in die Problemlösung einbeziehen oder ihn zum Nachdenken anregen.

- Sie wollen sich eine Meinung oder einen Sachverhalt genauer erläutern lassen. Das kann dann sinnvoll sein, wenn Sie beim Adressaten auf Widerstände, Skepsis oder Einwände stoßen.

IN DIESEN FÄLLEN STELLEN SIE GESCHLOSSENE FRAGEN:

- Sie benötigen Basisinformationen, um in das Gespräch einsteigen zu können: „Waren Sie schon im Urlaub? Wo denn?" Sie könnten zum Beispiel diese offene Frage gar nicht beantworten „Wie waren denn Ihre Erfahrungen bei Ihrem Urlaub in Italien?", wenn Sie erstens gar keinen Urlaub gemacht haben und zweitens gar nicht in Italien waren.

- Sie möchten sich das Einverständnis des Adressaten oder seine Zustimmung holen. Gerade die Frage: „Sind Sie einverstanden, dass …" wird zu selten in Gesprächen genutzt. Oft setzt man das Einverständnis des Adressaten einfach voraus, hat aber tatsächlich gar kein Einverständnis erzielt. Das macht sich dann etwas später im Gespräch wieder bemerkbar.

- Sie wollen Ergebnisse oder Übereinstimmungen sichern. Das bedeutet ganz einfach, dass Sie ganz bewusst danach fragen, ob der Adressat zu einem bestimmten Sachverhalt der gleichen Meinung ist oder nicht. Ein Beispiel: „Können wir also festhalten, dass …?"

- Sie möchten jemanden auf eine bestimmte Meinung festlegen bzw. herausfinden, ob er sich festlegen lässt. Man kann dann die vom Adressaten geäußerte Position wiederum nutzen, um seine eigene Position anzuschließen. Geschlossene Fragen sind also geeignet, ein Commitment zu erzielen. Auf Basis dieses Commitments des Adressaten kann man entsprechend des Konsistenzprinzips („Wer A sagt, muss auch B sagen!") seine eigene Argumentation aufbauen. Sokrates hat in den platonischen Dialogen diese Methode häufig eingesetzt, um den Gesprächspartner auf bestimmte Positionen „festzunageln".

BEISPIEL
Manuela und Ludwig planen ihren Urlaub. Manuela möchte in die USA fliegen, Ludwig ist das aber zu teuer.

Manuela:	*Aber sollten wir uns gerade einen solchen Urlaub nicht einfach mal leisten?*
Ludwig	*ringt mit sich selbst: Ja, das ist schon richtig …*
Manuela:	*Haben wir in den letzten Jahren nicht oft genug auf Dinge verzichtet?*
Ludwig:	*Ja, ja, das stimmt schon.*

Manuela: *Ich finde, da wird es doch mal Zeit, dass wir etwas Außergewöhnliches machen. Was meinst du?*

Manuela stellt hier ein paar geschlossene Fragen, die fast rhetorischen Charakter haben. Sie bringt Ludwig damit in eine Gedankenrichtung, die ihn langsam erweicht. Der Gedanke, in den USA Urlaub zu machen, festigt sich Schritt für Schritt. Zum Abschluss stellt Manuela noch eine offene Frage – „Was meinst du?" – und bezieht Ludwig dadurch sofort wieder in das Gespräch mit ein.

Zum Abschluss noch ein Kommentar zur Unterscheidung offener und geschlossener Fragen. Worauf es eigentlich ankommt, ob die Antwort ausführlich oder knapp ausfällt, ist weniger die grammatische Form der Frage, sondern die Einstellung des Fragenden, die der Adressat hinter der Frage spürt. Wenn ich merke, dass der Fragende wirklich Interesse an mir und meiner Meinung hat, werde ich auch auf „grammatisch geschlossene Fragen" ausführlich antworten („Hey, Fritz, du lässt die Ohren ja ganz schön hängen. Ist was?" „Na ja, dir kann man ja eh nichts vormachen. Also ...."). Umgekehrt gilt: Eine mit offensichtlichem Desinteresse gestellte „grammatisch offene" Frage wird eher kurz beantwortet – man spürt ja, dass der Frager „es" gar nicht wissen will.

Hineinzoomen: Der Präzisierungstrichter

Eine der wichtigsten Einsatzmöglichkeiten von Fragen zielt darauf, die Äußerungen des Adressaten zu präzisieren und zu konkretisieren. Wir können uns dies als ein Hineinzoomen in die Position des Adressaten vorstellen. Die Methode, die wir dazu benutzen, nennen wir den *Präzisierungstrichter.*

Der Präzisierungstrichter ist eine einfache und elegante Methode, um emotional aufgeladene Gespräche zu versachlichen, Wesentliches von Unwesentlichem zu trennen, Prioritäten zu erkennen und gemeinsam festzulegen, zum Kern einer Sache zu kommen, auf konkrete Fakten zuzusteuern und vage Äußerungen zu präzisieren.

Am besten sehen wir uns ein paar Beispiele an. Zuerst zwei einfache Beispiele, in denen durch den Trichter die Wendungen des Adressaten genauer erfasst werden sollen:

BEISPIELE
„Ich sehe da einige Punkte, die ich für kritisch halte."

„Welche Punkte meinen Sie denn genau?"

„Was Sie vorschlagen, ist doch wenig realistisch."

„Was meinen Sie mit ‚wenig realistisch'?"

An diesen Beispielen sehen wir bereits, dass sich der Präzisierungstrichter besonders dann empfiehlt, wenn man mit Einwänden konfrontiert wird. Nun ein etwas komplexeres Beispiel.

BEISPIEL

Herr Kern: *Ah, Herr Piper! Gut, dass ich Sie treffe. Mit Ihnen habe ich sowieso noch ein Hühnchen zu rupfen. Die Präsentation gestern von Ihrem Mitarbeiter, die ließ ja mehr als zu wünschen übrig, und die Informationsweitergabe, die klappt ja wohl auch überhaupt nicht. Wenn sich da nicht bald was ändert, dann wird das ernsthafte Konsequenzen haben. Ich lasse mir doch von Ihren Leuten nicht auf der Nase herumtanzen …*

Herr Piper: *Das überrascht mich jetzt natürlich. Wenn ich Sie richtig verstanden habe, dann geht es Ihnen gleich um zwei Punkte: die Präsentation von Herrn Meier und etwas, was mit unserer Informationsweitergabe nicht stimmt. Ich würde gern beide Punkte mit Ihnen klären. Mit welchem sollen wir denn anfangen?*

Herr Kern: *Meinetwegen mit der Präsentation vom Meier.*

Herr Piper: *Was ist denn da genau vorgefallen?*

Herr Kern: *Ja, der war überhaupt nicht vorbereitet.*

Herr Piper: *Was heißt denn „nicht vorbereitet"?*

Herr Kern: *Er hatte keine Unterlagen dabei – wie ausgemacht – und die Folien entsprachen auch nicht meinen Vorstellungen …*

An diesem Punkt verläuft das Gespräch zwischen Herrn Kern und Herrn Piper schon wesentlich sachlicher und konstruktiver. Dabei benutzt Herr Piper im Wesentlichen nur den Präzisierungstrichter. Entscheidend bei der Anwendung dieses Frageinstruments ist, so lange nachzufragen und gut zuzuhören, bis allen Beteiligten wirklich klar ist, worum es genau geht. Das Bild hinter dem Namen: Sie werfen die ungenauen Äußerungen des Gesprächspartners oben in einen Trichter und unten kommen dann der Reihe nach die durch Nachfragen geklärten und versachlichten Punkte heraus.

Ganz allgemein kann man sagen: Der Präzisierungstrichter unterstützt Sie dabei, die Position Ihres Adressaten genauer zu verstehen.

Herauszoomen: Das Metaskop

Hinter dem Ausdruck Metaskop verbirgt sich eine Fragemethode, bei der man eine Situation oder Position von einer höheren Warte aus betrachtet. Während der Präzisierungstrichter dazu dient, in die Stellungnahme des Adressaten hineinzuzoomen, benutzt man das Metaskop zum Herauszoomen. Man steigt auf eine höhere Ebene und betrachtet die Dinge von einem weiteren Blickwinkel aus. Diese Fragemethode kann sinnvoll sein, wenn Sie herausfinden möchten, warum dem Adressaten etwas wichtig ist, welche Ziele er verfolgt oder worauf es ihm ankommt. Der Klassiker unter den Metaskopfragen ist die „Warum"-Frage. „Warum"-Fragen sind begründungs- oder erklärungsheischende Fragen. Sie zielen in der Regel auf eine übergeordnete Perspektive.

Auch Fragen wie „Was würde das für sie bedeuten?" oder „Welchen Stellenwert hat das für Sie?" sind Metaskop-Fragen, die auf einen allgemeineren Standpunkt oder auf wichtige Motive, die hinter einer geäußerten Meinung liegen, zielen. Betrachten wir wieder ein kleines Beispiel.

BEISPIEL
Ein Mitarbeiter führt mit seinem Vorgesetzten ein Gespräch. Der Mitarbeiter möchte sich gern ein Jahr lang beurlauben lassen.

VG: Was würde Ihnen das bringen, wenn Sie ein Jahr pausieren würden?

MA: Ich könnte mich einfach mehr um meine Kinder und meine Familie kümmern.

VG: Das wäre Ihnen sehr wichtig?

MA: Sehr wichtig …

VG: Hm, okay, welche Gründe haben Sie noch?

Das Metaskop hilft auch dann weiter, wenn man sich in Details zu verzetteln droht. Oft bekommen Kleinigkeiten eine derartige Bedeutung in einem Gespräch, dass man darüber die prinzipiellen Übereinstimmungen zwischen sich und dem Adressaten ganz vergisst.

BEISPIEL
Claudia und Karin möchten gern mehr für die Motivation ihrer Mitarbeiter tun. Sie diskutieren mit ihrem Team die Möglichkeiten. Schnell kommt der Vorschlag auf den Tisch, einen Betriebsausflug zu machen. Man verliert sich aber in der Diskussion in Details, über die man sich nicht einigen kann. Die Diskussion dreht sich im Kreis. Claudia stellt dann die Metaskop-Frage: „Was könnten wir denn außer einem Betriebsausflug unternehmen, um die Motivation zu steigern?" Claudia macht durch ihre Frage auf das übergeordnete Problem aufmerksam und bringt die Diskussion dadurch wieder in Bewegung.

Mit dem Analysefilter Situationen und Probleme beleuchten

Oft gibt es in Überzeugungssituationen Phasen, in denen der Adressat ein Problem schildert. Dann sollten Sie das Problem genauer einkreisen und sondieren. Dazu benutzen Sie den *Analysefilter.* Der Analysefilter filtert die wichtigsten Problemdimensionen heraus und zeigt unter Umständen erste Ansätze für Lösungsmöglichkeiten auf. Wir wollen Ihnen ein paar Fragetypen vorstellen, die im Analysefilter sinnvoll eingesetzt werden können.

DAS PROBLEM EINKREISEN

Die erste Frage, die Sie stellen können, lautet: „Worum geht es denn genau bei dem Problem?" Ähnlich wie beim Präzisierungstrichter lassen Sie sich die Situation oder Problemlage durch konkrete Beispiele veranschaulichen.

SKALIERUNGSFRAGEN

Sie können die Dringlichkeit eines Problems identifizieren, indem Sie eine Skala einführen: Auf Stufe Null füllt das Problem die gesamte Existenz des Adressaten aus, auf Stufe 10 ist das Problem völlig verschwunden. Eine solche Skalierungsfrage wäre:

Wie stark belastet Sie denn die Situation auf einer Skala von 0 bis 10?

FRAGE NACH DEN EMOTIONEN

Emotionen spielen in allen Problemsituationen eine wichtige Rolle. Die Frage nach Emotionen oder Gefühlen fördert sehr häufig die eigentliche Problematik zutage:

Wie geht es Ihnen dabei? (Fühlen, Denken, Handeln)

BLICK IN DIE VERGANGENHEIT

Bringen Sie in Erfahrung, was der Adressat bereits unternommen hat, um das Problem zu lösen. Dies zeigt oft die Richtung an, in der man weiter nach Lösungen suchen kann. Außerdem wird dadurch deutlich, welche Lösungsstrategien auf keinen Fall Anklang finden werden:

Was haben Sie denn schon unternommen und mit welchen Resultaten?

FRAGE NACH DER AUSNAHME

Häufig ist das Problem kein Dauerzustand. Manchmal gibt es Phasen, in denen es zumindest zeitweise nicht vorhanden ist. Die Frage nach den Ausnahmen liefert mögliche Ansatzpunkte für Lösungen, da der Adressat in problemfreien Zeiten die Dinge vielleicht anders anpackt. In der Ausnahme stecken also Lösungsressourcen:

Kommt es manchmal zu Ausnahmen von der von Ihnen beschriebenen Problemsituation?

Falls der Adressat diese Frage bejaht, fahren Sie so fort:

Unter welchen Bedingungen bzw. Umständen kommt es zu der Ausnahme?

LÖSUNGSVISION

Die zentrale Frage nach der Lösungsvision lautet:

Wie sieht die Welt aus, wenn die Schwierigkeit gelöst ist?

Diese Frage geht schon einen Schritt über den Analysefilter hinaus, hilft aber dabei, das Problem indirekt einzugrenzen. Denn durch die Beschreibung der Lösung wird implizit zum Ausdruck gebracht, was in der gegenwärtigen Situation fehlt.

BLICKWINKELFRAGEN

Bei Blickwinkelfragen versucht man ganz bewusst, einen Perspektivenwechsel herbeizuführen, indem man den Adressaten dazu einlädt, das Problem aus verschiedenen Rollen oder Blickwinkeln heraus zu betrachten.

Mögliche Fragen sind:

Wie würden denn Ihre Kollegen darauf reagieren?

Wie sieht denn Ihre Frau die Sache?

Wie würde denn ein Außenstehender Ihre Situation beschreiben?

Beim Analysefilter handelt es sich also um einen Komplex von Fragearten, der verschiedene Dimensionen eines Problems anspricht. Unsere Fragenliste ist natürlich bei weitem nicht vollständig.

Wie die verschiedenen Fragearten zusammenspielen können, zeigt folgender Dialog.

BEISPIEL
Max möchte Günter für eine neues Qualitätsmanagementkonzept gewinnen.

Günter:	*Ihr Vorschlag hört sich ja ganz gut an. Aber wir haben da schon mal schlechte Erfahrungen gemacht.*
Max:	*Woran lag das im Wesentlichen?*
Günter:	*Uns wurden Konzepte verkauft, die nicht gepasst haben. Und Versprechungen gemacht, die dann nicht gehalten wurden.*
Max:	*Natürlich möchten Sie so eine Situation nicht nochmal erleben.*
Günter:	*Auf keinen Fall.*
Max:	*Gab es nur negative Erfahrungen oder auch positive Aspekte?*
Günter:	*Es gab auch positive.*
Max:	*Welche?*
Günter:	*Immer dann, wenn wir ganz konkret Probleme angepackt haben, hatten wir ein positives Ergebnis.*
Max:	*An welche Beispiele denken Sie denn da?*

Günter:	Also, vor allem hat die Neuorganisation in der Auftragsannahme was gebracht. Und die Lagerbuchhaltung ist besser geworden.
Max:	Das, was Sie gestartet haben, war also nicht in jeder Hinsicht ein Misserfolg. Auf welche Abläufe im Betrieb könnte man das denn übertragen?
Günter:	Tja, also da sehe ich schon Handlungsbedarf. Vor allem die Maschinenwartung und der Fuhrpark machen ja viel Ärger.
Max:	Wie sähen denn da vernünftige Lösungen für Sie aus?

Die Lösungsangel

Wir haben bei der Bezeichnung dieser Methode ganz bewusst das Bild vom Fischen gewählt. Nach Lösungen zu fischen bedeutet, dass man die Angel unter Umständen an verschiedenen Stellen auslegen muss, dass man Geduld braucht und den richtigen „Köder" in Form von Fragen und Anregungen benutzt. Bei der Lösungsangel kommen häufig folgende Fragen zum Einsatz:

LÖSUNGSVISION
Mit diesen Fragen laden Sie den Adressaten zum lösungsorientierten Nachdenken ein. Gleichzeitig fordern sie ihn auf, ein möglichst konkretes Bild einer Lösung zu malen.

Wie sieht die Welt aus, wenn die Schwierigkeit gelöst ist?

Wenn morgen ein Wunder geschehen würde, was wäre dann anders?

LÖSUNGSKRITERIEN
Folgende Fragen dienen dazu, die Lösung so konkret wie möglich darzulegen.

Woran erkennen Sie, dass die Schwierigkeit verschwunden ist, dass die Lösung greift?

Was ist anders als jetzt?

Was tun Sie dann?

Wie geht es Ihnen dabei?

Was tun die anderen?

LÖSUNGSRESULTATE

Mithilfe dieser Fragen werden die Folgen möglicher Lösungen noch einmal durchdacht. Unter Umständen muss die Lösungsidee verändert werden. Vielleicht wird auch der Wunsch verstärkt, das Problem zu lösen.

Was bedeutet diese erfolgreiche Lösung für Sie?

Welchen Nutzen haben Sie davon?

Welchen Nutzen haben andere davon?

Welche Unbequemlichkeit bringt diese Lösung für Sie oder andere?

LÖSUNGSHANDELN

Hier geht es darum, dem Adressaten Hilfestellung bei der Entwicklung konkreter Handlungsschritte zu geben. Die erste Frage soll dabei mögliche Sackgassen auf dem Weg zur Lösung erkennen helfen.

Welche Ratschläge würde Ihnen jetzt ein ausgemachter Trottel geben?

Was tun Sie konkret, um die Lösung herbeizuführen?

Wo liegt das zentrale Hindernis für Ihr Handeln?

Wie werden Sie mit diesem Hindernis umgehen?

Welche dieser Lösungsmöglichkeiten ist für Sie die sinnvollste?

BEISPIEL:

Max möchte sein Team davon überzeugen, ein Team-Leitbild zu entwickeln. Er präsentiert seinen Vorschlag, aber es kommen eine Reihe von Einwänden. Ein Einwand ist, dass die Motivation insgesamt ziemlich schlecht sei und ein Leitbild daher nichts bringe. Zuerst solle man an der Motivation arbeiten. Max geht auf diese Punkte ein und benutzt die Lösungsangel:

Max: *Was müsste denn passieren, damit alle motivierter sind?*

MA: *Wir bräuchten erst einmal mehr Informationen, wie es um unser Unternehmen steht. Wir erfahren ja nichts …*

Max: *Wie könnte denn das konkret aussehen?*

MA: *Vielleicht halten wir einfach monatlich eine Sitzung ab, in der wir über die neue Lage informiert werden?*

M: *Wer sollte denn bei diesen Sitzungen was konkret tun?*

Max ist auf die Widerstände und Punkte der Adressaten eingegangen. Er hat erkannt, dass es keinen Sinn macht, weiter für die Idee des Leitbilds zu argumentieren, wenn er die Kritik einfach übergeht. Mit der Lösungsangel sucht er nach ganz konkreten Lösungen und vielleicht sogar Lösungsvereinbarungen.

Im Verlauf des Gesprächs kommen noch weitere Punkte zur Sprache. Dann steigt Max wieder ein: „Wir haben jetzt ein paar ganz konkrete Punkte besprochen, die unsere Informationspolitik verbessern, und zusätzlich ein paar Vereinbarungen getroffen. Inwiefern könnte uns ein Leitbild denn auf diesem Weg unterstützen?"

MA (nach einigem Zögern): „Wir könnten zum Beispiel einige allgemeine Richtlinien festhalten, die genau solche Dinge klären. Wichtig ist nur, dass das dann auch umgesetzt wird."

Max wirft eine weitere Lösungsangel aus: „Was könnten wir denn konkret tun, um die Umsetzung eines Leitbilds zu gewährleisten?"

Zweifel wecken mit Sokrates-Fragen

Mit sokratischen Fragen versuchen Sie, den Adressaten in seiner Position zu erschüttern. Sie wecken Zweifel in ihm oder verwickeln ihn vielleicht sogar in einen Widerspruch. Sokratische Fragen können ganz harmlos klingen, aber eine verheerende Wirkung entfalten. Diese Fragestrategie ist daher behutsam anzuwenden. Es besteht die Gefahr, dass der Adressat auf Konfrontationskurs geht, wenn er sich in die Ecke gedrängt fühlt. Immer daran denken: Sokrates wurde von seinen Zeitgenossen als Verderber der Sitten und der Jugend zum Tode verurteilt!

Durch sokratische Fragen versuchen Sie, auf Unstimmigkeiten in der Argumentation des Adressaten aufmerksam zu machen. Dabei ist das Ziel, dass der Adressat diese Unstimmigkeit selbst erkennt. Zu diesem Punkt wurde er zwar durch Ihre Fragen geführt, aber es liegt nun an ihm, die Unstimmigkeit aufzulösen. Im folgenden Gespräch benutzt Maria sokratische Fragen.

BEISPIEL
Maria leitet die Notaufnahme in einem Krankenhaus. Bei den Patienten, die aufgenommen werden, müssen die Wertgegenstände genau dokumentiert werden. Franka hält sich jedoch nicht ordentlich an das vereinbarte Vorgehen. Maria führt ein Gespräch mit ihr.

Maria: Franka, was ist denn los? Warum klappt denn die Dokumentation nicht?

Franka: Du kennst das ja: Es ist doch immer so viel los. Da hat man einfach nicht die Zeit.

Maria: Zu wenig Zeit also. Welche Hindernisse gibt es denn noch?

Franka: Na ja, die ganze Hetze halt. Wir sind einfach unterbesetzt – aber das ist letztlich wieder die Zeitfrage.

Maria: *Okay, wir haben doch gerade auf deinen Vorschlag hin das Formular überarbeitet, um das Ganze schneller durchzuführen. Richtig?*

Franka: Ja.

Maria: *Von wem kamen denn die meisten Verbesserungsvorschläge?*

Franka: Ja, schon von mir.

Maria: *Und hast du nicht ausdrücklich gesagt, mit diesem Formular wird das jetzt ohne Probleme funktionieren, weil wir ganz schnell damit arbeiten können, wenn sich jeder daran hält?*

Franka: Ja, schon.

Maria: *Warum bringst du dann jetzt wieder das Zeitargument?*

Franka: Das ist schon richtig. Wir müssen uns halt einfach alle an die Spielregeln halten ...

Maria wendet eine Reihe von Fragen an, in erster Linie geschlossene Fragen, um auf einen Widerspruch bzw. eine Unstimmigkeit in der Position Frankas aufmerksam zu machen. Wenn Franka diesen Widerspruch anerkennt, besteht eine große Chance, dass sie selbst versucht, eine Lösung anzubieten.

Wer überzeugen will, muss gut zuhören können

In keinem Buch über Gesprächsmethoden darf ein Kapitel über das Zuhören fehlen. Gutes Zuhören ist sogar oft der ausschlaggebende Grund dafür, dass sich jemand bewegt oder eine Meinung akzeptiert. Denken Sie an unser Gegenseitigkeitsprinzip: Wenn Sie möchten, dass Ihr Adressat Ihnen zuhört, sollten Sie zuerst Ihrem Adressaten zuhören.

Zuhören bedeutet, sich dem Adressaten mit voller Aufmerksamkeit zuzuwenden und sich auf ihn einzulassen. Die Leitfrage, die man sich dabei stellt, lautet: Wie sieht mein Adressat die Welt? Versetzen Sie sich in die Situation des Adressaten, um seine Sichtweise oder seinen Standpunkt zu verstehen. Das bedeutet übrigens nicht, ihn als korrekt zu akzeptieren.

In unseren Seminaren führen wir manchmal ein Zuhör-Experiment durch, das wir „Mönchsdiskussion" nennen. Bei dieser Diskussionsform kann man sich ganz bewusst im Zuhören und im Argumentieren üben.

Die Übung funktioniert so: Der Seminarleiter lädt die Teilnehmer ein, miteinander zu diskutieren. Einzige Spielregel in dieser Diskussion ist: Bevor man seinen eigenen Diskussionsbeitrag leisten darf, muss man zuerst das, was der Vorredner gesagt hat, zusammenfassen. Man darf erst mit seinem eigenen Beitrag fortfahren, wenn man entweder von dem Vorredner: „Ja, genau!" gehört oder wenn er die Zusammenfassung korrigiert hat.

Bei diesem Spiel machen die Teilnehmer folgende Erfahrungen:

- Gutes Zuhören ist unwahrscheinlich anstrengend und kostet viel Konzentration.

- Durch die Möglichkeit zur Korrektur können Missverständnisse vermieden werden.

- Das Zusammenfassen des Gesagten fördert das Verständnis und klärt darüber hinaus auch für den Sprecher noch einmal, was er eigentlich gesagt hat bzw. sagen wollte.

- Die Diskussion bzw. die Gespräche verlaufen sehr sachlich.

- Es ist nicht leicht, dem anderen zuzuhören und seinen eigenen Redebeitrag dabei nicht zu vergessen.

Gerade der letztgenannte Punkt fördert einen wesentlichen Gesichtspunkt des Zuhörens zutage: Häufig hören wir nur in der Absicht zu, möglichst schnell eine Erwiderung zu platzieren. Wir „hören" nur genau hin, um die nächste Atempause zu erkennen und dem anderen während des Luftholens in die Parade zu fahren. Diese Einstellung aber behindert gutes Zuhören. Zuhören sollte man mit der Absicht, den anderen zu verstehen. Einiges können Sie konkret tun, um gut zuzuhören:

Aufmerksamkeit demonstrieren

Der Zuhörer zeigt durch typische Aufmerksamkeitsreaktionen, dass er zuhört. Dazu zählen Kopfnicken, ein „Aha" oder ein „Wirklich". An dieser Stelle eine kleine Warnung: Trainieren Sie sich solche Aufmerksamkeitsreaktionen nicht an. Sie ergeben sich auf ganz natürliche Weise, wenn man wirklich aufmerksam zuhört.

Schweigend zuhören

Der Zuhörer ist still, aufmerksam und zeigt durch seine dem Gesprächspartner zugewandte Körperhaltung, dass er zuhört. Auch hier gilt: Die Körpersprache spiegelt die innere Einstellung wieder. Wenn Sie tatsächlich Interesse am Gegenüber und seinen Anliegen haben, wird Ihre Körperhaltung das „ganz von alleine" zum Ausdruck bringen.

Aktiv zuhören

Der Zuhörer fragt nach, fasst das Gesagte noch einmal zusammen oder spiegelt wieder, was in der Äußerung des Gesprächspartners an Gefühlen und Emotionen mitschwingt. Das aktive Zuhören ist die höchste Form professionellen Zuhörens.

> Aktives Zuhören
> Nachfragen
> Das Gesagte (die inhaltliche Botschaft) zusammenfassen bzw. zurückmelden
> Das Gemeinte (Emotionale) zurückmelden bzw. zurückspiegeln

Folgende Beispiele veranschaulichen aktives Zuhören.

BEISPIEL I
Der Zuhörer, Moritz, fragt nach:

Max: *Ich glaube, wir haben eine gute Lösung erarbeitet, ich bin sehr zufrieden.*

Moritz *(benutzt den Präzisierungstrichter): Das freut mich. Was halten Sie denn an unserer Lösung für besonders gelungen?*

BEISPIEL II
Moritz fasst die inhaltliche Botschaft zusammen und gibt seinem Gesprächspartner damit eine Rückmeldung:

Max: *Die Hotels würden alle gewinnen, wenn sie sich mehr um die Familien kümmern würden. Aber oft habe ich den Eindruck, Familien sind da nicht so gerne gesehen, denen sind andere Gäste lieber. Und das, obwohl die Zeiten für den Tourismus nicht gerade rosig sind. Gerade für Familien ist es ja oft schwierig, eine passende Unterkunft zu bekommen, bei der es auch Angebote für Kinder gibt.*

Moritz *(gestärkt durch die Mönchsdiskussionsübung): Sie denken, dass die Hotels im Umgang mit Familien noch Nachholbedarf haben?*

Max: *Auf jeden Fall.*

BEISPIEL
Moritz erfasst Max' Stimmung:

Max: *Diese Besprechung war so was von überflüssig, ich habe meine Zeit wieder nur verplempert.*

Moritz: *Sie scheinen ja ziemlich verärgert zu sein.*

Max: *Das kann man wohl sagen.*

Übrigens kommt es beim Zuhören nicht so sehr darauf an, dass ich absolut korrekt wiedergebe, was der andere sagt oder fühlt. Wichtiger ist, dass ich dem Gesprächspartner die Möglichkeit gebe, mich zu korrigieren. Vielleicht habe ich seine Äußerung ja falsch aufgefasst. Durch einfühlsames Zuhören kann ich dies überprüfen und somit Verständnis sichern und aufbauen. Aus dieser Überlegung folgt auch, dass Zusammenfassungen nicht nach jedem Satz des Gegenübers erfolgen, sondern sich auf die wirklich wichtigen Gesprächsabschnitte konzentrieren sollten. Wer redet schon gerne mit einem Papagei?

EINFÜHLSAMES ZUHÖREN SCHAFFT VERTRAUEN

Wichtig für den Vertrauensaufbau im Gespräch ist es, kluge Fragen zu stellen und einfühlsam zuzuhören. Wie das geschehen kann, möchten wir Ihnen anhand einer Unterhaltung mit einem amüsanten Gesprächspartner vorstellen: Eliza. Mit Eliza hat es eine besondere Bewandtnis. Eliza ist nämlich ein Computerprogramm. Es wurde entwickelt, um Gespräche mit Patienten zu simulieren. Eliza beherrscht die Kommikationsmethoden Fragen und Zuhören nahezu perfekt. Überprüfen Sie selbst, welche Fragen und Zuhörmethoden dieses kluge Computerprogramm benutzt.

Patientin: Die Männer sind alle gleich.

Eliza: In welcher Hinsicht?

Patientin: Sie töten uns immer den letzten Nerv.

Eliza: Haben Sie ein konkretes Beispiel?

Patientin: Nun ja, mein Freund wollte, dass ich hierher komme.

Eliza: Ihr Freund, wollte, dass Sie hierher kommen?

Patienten: Er sagt, ich bin die ganze Zeit deprimiert.

Eliza: Es tut mir Leid zu hören, dass Sie deprimiert sind.

Patientien: Es ist wahr, ich bin unglücklich.

Eliza: Denken Sie, hierher zu kommen wird Ihnen dabei helfen, nicht unglücklich zu sein?

Patientin: Ich brauche Hilfe, so viel ist sicher.

Eliza: Was würde das heißen, dass Sie Hilfe bekommen?

Patientin: Vielleicht könnte ich lernen, mit meiner Mutter auszukommen.

Eliza: Erzählen Sie mir mehr über Ihre Familie.

Patientin: Meine Mutter kümmert sich um mich.

Eliza: Wer sonst in Ihrer Familie kümmert sich um Sie?

Patientin: Mein Vater.

Eliza: Ihr Vater?

Patientin: *Sie sind irgendwie wie mein Vater.*

Eliza: *Welche Ähnlichkeit sehen Sie?*

Patientin: *Sie sind nicht sehr aggressiv, aber ich glaube nicht, dass Sie möchten, dass ich das bemerke.*

Eliza: *Warum glauben Sie, dass ich nicht sehr aggressiv bin?*

Patientin: *Sie streiten nicht mit mir.*

Eliza: *Warum, glauben Sie, streite ich nicht mit Ihnen?*

Patientin: *Sie haben Angst vor mir.*

Eliza: *Gefällt es Ihnen zu denken, dass ich vor Ihnen Angst haben könnte?*

Patientin: *Mein Vater hat vor jedem Angst.*

Eliza: *Was fällt Ihnen außerdem noch ein, wenn Sie an Ihren Vater denken?*

(Joseph Weiszenbaum, Computer Power and Human Reason, 1976)

Dieses Computerprogramm war so erfolgreich, dass es viele Psychotherapeuten als Modell benutzt haben, um ihre Gesprächstechnik zu verfeinern und zu trainieren. So, und jetzt stellen Sie sich vor (oder erinnern sich daran), wie es ist, wenn einem ein Mensch aus Fleisch und Blut aufmerksam und einfühlsam zuhört.

Nutzen Sie die Macht der Sprache

Wie sich der Adressat entscheidet, hängt auch von den Worten und Formulierungen des Überzeugers ab. Im Englischen benutzt man zur Beschreibung dieses Aspekts den Ausdruck **Framing.**

In unseren Seminaren zum Thema Entscheiden führen wir manchmal mit den Teilnehmern ein Experiment durch, das den Einfluss von Formulierungen verdeutlicht. Bei diesem Experiment teilen wir die gesamte Gruppe in eine Gruppe A und eine Gruppe B. Beide Gruppen befinden sich in getrennten Räumen und beide werden mit einer Entscheidungssituation konfrontiert.

Die Mitglieder der Gruppe A bekommen folgende Aufgabe:

Sie sind Inhaber eines Import-Export-Unternehmens. Soeben haben Sie erfahren, dass eines Ihrer Schiffe vor der Küste Kanadas in einen Sturm geriet und gesunken ist. Die Besatzung ist gerettet. Es wird alles daran gesetzt, die Ladung an Bord zu retten. Es handelt sich um drei Container mit einem Inhalt im Wert von jeweils einer Million Dollar. Sie sprechen mit dem Bergungsfachmann und er stellt Ihnen folgende Optionen vor: „Wir haben zwei Möglichkeiten: Es gibt einen Plan A. Mit diesem Plan retten wir auf jeden Fall einen Container im Wert von einer Million Dollar. Bei Plan B besteht zwar eine relativ geringe Wahrscheinlichkeit, dass wir alle Container retten. Aber es gibt ein großes Risiko (Wahrscheinlichkeit etwa 66 Prozent), dass wir keinen Container retten und damit drei Millionen Dollar verlieren."

Die Mitglieder der Gruppe B bekommen folgende Aufgabe:

Sie sind Inhaber eines Import-Export-Unternehmens. Soeben haben Sie erfahren, dass eines Ihrer Schiffe vor der Küste Kanadas in einen Sturm geriet und gesunken ist. Die Besatzung ist gerettet. Es wird alles daran gesetzt, die Ladung an Bord zu retten. Es handelt sich um drei Container mit einem Inhalt im Wert von jeweils einer Million Dollar. Sie sprechen mit dem Bergungsfachmann und er stellt Ihnen folgende Optionen vor: „Wir haben zwei Möglichkeiten. Es gibt einen Plan eins. Mit diesem Plan verlieren wir auf jeden Fall zwei Container im Wert von zwei Millionen Dollar.

Bei Plan zwei besteht zwar eine relativ hohe Wahrscheinlichkeit, dass wir alle Container verlieren. Aber wir haben eine Chance von ca. 33 Prozent, dass wir keinen einzigen Container verlieren und damit drei Millionen Dollar retten."

Für welche Strategie würden Sie sich entscheiden?

Wenn Sie die Optionen der beiden Instruktionen vergleichen, können Sie erkennen, dass jeweils Plan eins zu Plan A und Plan zwei zu Plan B äquivalent sind. Es handelt sich um dieselben Optionen, nur unterschiedlich formuliert. Wie entscheiden sich nun die Leute in den einzelnen Gruppen? Die Mitglieder aus Gruppe A entscheiden sich meistens für Plan A und die meisten Mitglieder aus Gruppe B für Plan zwei. Der einzige Unterschied zwischen den Optionen besteht in ihrer Formulierung. Gruppe A entscheidet sich meistens für die sicherere Variante, denn die wird in der gewählten Formulierung stärker betont. Gruppe B entscheidet sich für die riskantere Variante, weil diese stärker herausgestellt wird.

Auch andere Experimente und die Alltagserfahrung belegen: Wenn etwas stärker in Form eines sicheren Gewinns in Aussicht gestellt wird, wählt man eher die vorsichtigere Variante, ganz nach dem Motto: „Lieber den Spatz in der Hand, als die Taube auf dem Dach." Wenn allerdings die ganze Situation mehr aus dem Blickwinkel eines drohenden Verlustes betrachtet wird, reagiert man oft risikofreudiger nach dem Motto: „Alles oder nichts."

Wie wir Dinge beschreiben, hat also einen großen Einfluss darauf, wie wir den Sachverhalt beurteilen, bewerten oder darauf reagieren. Mit den richtigen Worten kann man viel erreichen, mit den falschen Worten auf einen Schlag alles zunichte machen.

BEISPIEL

Moritz hat zusammen mit einem Kollegen ein kleines Beratungsunternehmen. Die Geschäfte laufen seit den letzten beiden Jahren sehr gut. Moritz und sein Partner überlegen, ob sie noch jemanden ins Team holen sollten. Sie denken beide an Sabine, eine Beraterin, die sich vor einem Jahr selbstständig gemacht hat und die beide recht gut kennen. Bei einem zufälligen Treffen zwischen Moritz und Sabine unterhält man sich über die berufliche Entwicklung der letzten Zeit.

Sabine meint: „Wenn es bei euch so gut läuft, werdet ihr bestimmt auch mal daran denken, euch zu vergrößern." Darauf erwidert Moritz: „Ja, darüber denken wir in der Tat nach. Aber find erst mal jemanden, der ins Team passt. Das ist extrem schwierig ..." Nach dieser Äußerung von Moritz reagiert Sabine plötzlich sehr eigenartig, sie unterbricht das Gespräch und verabschiedet sich abrupt. Später findet Moritz heraus, dass sich Sabine durch seine Äußerung sehr verletzt fühlte. Sie hatte die Hoffnung, Partnerin zu werden, und wollte Moritz mit ihrer Äußerung eine Brücke bauen. Moritz spricht das Thema aber nicht direkt an, was Sabine als Ablehnung missversteht. Dieses Beispiel zeigt, was Worte anrichten können.

Tipps für die Wortwahl

DRÜCKEN SIE SICH KONSTRUKTIV AUS

Das ist insbesondere dann wichtig, wenn Sie etwas beurteilen. Positives Framing bedeutet, so zu formulieren, dass dem Adressaten Handlungs- und Bewertungsalternativen offen stehen.

BEISPIEL

In einem Seminar gibt ein Teilnehmer ein Feedback zu einem Gespräch, das gerade beobachtet wurde. Er sagt: „Ich fand Ihren Einstieg sehr brutal." Die Konsequenz war, dass der Feedback-Empfänger sehr defensiv reagierte und sich nur noch verteidigte. In einer anderen, vergleichbaren Situation wählte ein Teilnehmer die Worte: „Ich fand Ihren Einstieg ziemlich markant." Diese Formulierung erzeugte einige Heiterkeit. Die Konsequenz aber war, dass der Feedback-Empfänger selbst lachen musste und den Erläuterungen des Feedback-Gebers gegenüber viel aufgeschlossener war.

HOLEN SIE DEN ADRESSATEN AB

Beachten Sie seine Situation oder sein Problem und bauen Sie Ihre Argumentation darauf auf.

In einem Unternehmen soll ein Veränderungsprozess gestartet werden. Die Menschen sind aber ziemlich skeptisch. Bezugspunkt sind nämlich die gescheiterten Veränderungsbemühungen der vergangenen Jahre. Wenn Sie also formulieren würden: „Veränderungen sind sehr positiv, denn damit lassen sich folgende Dinge erreichen ...", wird man Ihnen mit Sicherheit wenig Glauben schenken.

Sie können den Bezugspunkt übrigens vielfältig deuten. Überlegen Sie, welche Rolle er in Ihrer Argumentation spielen soll. Um bei unserem Beispiel zu bleiben: Sie könnten die schlechte Unternehmenssituation ehrlich und ungeschminkt darstellen. Dann erklären Sie, wie man Ihrer Ansicht nach aus dem Schlamassel wieder herauskommen kann – nämlich durch gemeinsame Anstrengungen. Und dann bitten Sie die Mitarbeiter und Kollegen um ihre Ideen dazu.

FORMULIEREN SIE ERGEBNISORIENTIERT UND OFFENSIV
Statt: Haben Sie es bis Mittwoch fertig?

Wann kann ich denn am Mittwoch vorbeikommen, um das Dokument abzuholen?

Statt: Haben Sie noch Fragen?

Welche Fragen kann ich Ihnen noch beantworten?

Statt: Ich versuche, das so bald wie möglich zu erledigen.

Sie haben die Akten spätestens am Freitag auf Ihrem Tisch.

OPTIMISMUS KANN NICHT SCHADEN
Moritz reformuliert die Äußerungen von Max, indem er sie in einen konstruktiveren Rahmen stellt. Konstruktive Formulierungen richten unsere Aufmerksamkeit gezielt auf den Handlungsspielraum, den Betroffenheit, Frust und Ärger oft verdecken. Sie sind im Kern optimistisch – und Optimismus ist ja nicht verboten, oder?

Max: Da kann man gar nichts machen. Es ist aussichtslos – da wird garantiert niemand mitziehen.

Moritz: Das hört sich an, als hätten wir es da mit ziemlichen Widerständen zu tun.

Max: Das kann man sagen. Ich sehe da keine Möglichkeiten.

Moritz: *Hm, wir müssen uns da also ein paar kreative Ideen einfallen lassen, auch wenn im Moment nicht zu sehen ist, wo die herkommen sollen.*

Max: *Leicht ist das wirklich nicht. Ich habe keine Ahnung, wie wir das anpacken sollten.*

Moritz: *Also, ich möchte das wenigstens probieren. Vielleicht gibt es da was, das wir im Moment nicht sehen. Komm, lass uns jetzt wenigstens eine halbe Stunde zusammen nachdenken – irgendetwas werden wir da schon finden.*

Max: *Von mir aus, aber du wirst sehen, dass uns das auch nicht weiterbringt.*

Moritz: *Gut, schauen wir mal. Eine Erfolgsgarantie kann ich natürlich auch nicht geben. Aber probieren geht über studieren. Also, wo siehst du denn den Knackpunkt?*

Verhandlungsstrategien: sicher zur Einigung

In vielen Überzeugungssituationen kommt es irgendwann zu einer Phase des Stillstands. Dem Überzeuger gelingt es möglicherweise nicht, den Adressaten für seinen Standpunkt zu gewinnen. So steht Position gegen Position, Standpunkt gegen Standpunkt. Wie kann man diese Situation meistern?

Ein kompetenter Überzeuger wird nicht einfach versuchen, sich durchzusetzen und den Widerstand zu brechen. Selbst wenn ihm das gelingen sollte – und wie wäre „gelingen" hier definiert? –, wäre die Beziehung zum Adressaten vermutlich geschädigt. Der Adressat würde sich über den Tisch gezogen fühlen, die langfristige Beziehung wäre mit Sicherheit erheblich gestört.

Was also tun? Ein kluger Überzeuger ist auch ein kluger Verhandler. Er kennt Verhandlungswege aus der Überzeugungssackgasse, die zu einer für alle Beteiligten befriedigenden Lösung führen.

Wie Verhandlungen oft ablaufen

Das folgende Experiment, das wir in Seminaren hin und wieder durchführen, zeigt sehr deutlich, was in Verhandlungen typischerweise geschieht. Wir nennen dieses Experiment „Konflikt aus dem Nichts". Es wird in dem ausgezeichneten Buch „Leadership Games" von Stephen S. Kaagan beschrieben. Zwei Gruppen, A und B, spielen ein ganz harmloses Spiel. Jede Gruppe erhält die gleichen Instruktionen. Sie lauten:

Am Ende einer Reihe von Entscheidungen wird ein Repräsentant Ihrer Gruppe gegen einen Repräsentanten der anderen Gruppe ein Glücksspiel spielen (Knobeln: Stein, Schere, Papier). Folgende Entscheidungen müssen Sie zuvor treffen:

a) *Welchen Namen soll Ihre Gruppe haben?*

b) *Wer ist der offizielle Verhandlungsführer Ihrer Gruppe? Der Verhandlungsführer Ihrer Gruppe wird mit dem Verhandlungsführer der anderen Gruppe Verhandlungen an einem neutralen Ort ohne Beisein der Gruppe führen. Der Verhandlungsführer vertritt die Position der Gruppe und handelt in ihrem Namen. Er ist an die Entscheidungen der Gruppe gebunden.*

c) *Wählen Sie einen Assistenten. Der Assistent begleitet den Verhandlungsführer zu den Verhandlungen. Er hat kein Recht, in die Verhandlungen einzugreifen, kann sich aber mit dem Verhandlungsführer zu Beratungen zurückziehen. Der Assistent hält den Kontakt zur Gruppe, der er immer wieder berichten kann.*

d) *Wählen Sie einen Spieler, der schließlich das Glücksspiel ausführen wird.*

e) *Bestimmen Sie Ihren Spieleinsatz. Was werden Sie für die andere Gruppe tun, wenn Sie verlieren? Überlegen Sie sich einen realen Spieleinsatz.*

Wenn Sie diese Entscheidungen getroffen haben, können sich die Verhandlungsführer treffen, um alles zu arrangieren, damit schließlich das Spiel stattfinden kann. Wichtig: Prinzipiell ist alles verhandelbar.

Wenn wir die Regeln erklärt haben, werden wir oft gefragt, was es eigentlich zu verhandeln gebe und es wird die Vermutung geäußert, das Ganze sei wahrscheinlich sehr schnell zu Ende. Aber das Gegenteil ist der Fall. In acht von zehn Fällen müssen wir das Experiment abbrechen, weil die Verhandlungsführer es nicht schaffen, sich auf etwas zu einigen. Warum passiert das?

Die Anfangsentscheidungen der Gruppe bereiten in der Regel keine Probleme. Das Spiel beginnt zu kippen, wenn die Gruppen überlegen, was ihr Spieleinsatz sein könnte. Meistens verfallen Sie dann auf eine bestimmte Taktik. Sie überlegen zuerst, was sie der anderen Gruppe anbieten könnten. Zum Beispiel die Einladung zu einem gemeinsamen Frühstück. Es dauert dann meist nicht lange, bis jemand einen Einwand äußert: Mit diesem Maximalangebot dürfe man nicht in die

Verhandlungen einsteigen, man brauche zunächst ein geringeres Angebot, um Verhandlungsspielraum zu gewinnen. Sobald dieser Einwand kommt, wissen wir als stille Beobachter, dass die Verhandlungen vermutlich sehr zäh ablaufen werden. Warum? Die Verhandlungsführer steigen nämlich stets mit ihrem Minimalangebot ein, was die Gegenseite fast immer für inakzeptabel hält.

Von diesem Moment an ist es ein Kräftemessen und ein Ausspielen von Taktiken. Die Gruppen, denen die taktischen Manöver der anderen Seite durch den Assistenten zurückgemeldet werden, beginnen plötzlich, die andere Gruppe immer „feindlicher" zu sehen. Misstrauen entsteht sehr schnell. Es fallen Äußerungen wie „Wir sollen immer nachgeben, jetzt sollen die mal nachgeben!" „Die wollen uns nur über den Tisch ziehen!" „Ich hätte nicht gedacht, dass die so unfair sind!" Ziemlich schnell wird ein an sich harmloses Spiel recht kritisch. Ein Teil der Erklärung ist, dass die Verhandlungsführer und die Gruppen es nicht schaffen, sich von ihren Standpunkten wegzubewegen. Sie beharren auf ihren einmal formulierten Standpunkten und versuchen lediglich, die andere Seite zu irgendwelchen Zugeständnissen zu zwingen. Dadurch blockieren sich die Verhandlungsführer gegenseitig. Wie kommt man aus dieser Sackgasse wieder heraus?

Wie Sie sich vorbereiten

Wir haben Sie bereits bei der Argumentationsvorbereitung auf die Wichtigkeit einer gründlichen Adressatenanalyse hingewiesen. Auch auf die Vorbereitung der Verhandlungsphase sollten Sie Zeit verwenden, denn sie stellt einen wesentlichen Erfolgsfaktor dar. Hier gilt:

> Investieren Sie mindestens so viel Zeit in die Vorbereitung, wie die Verhandlungen selbst dauern.

Leider gehen viele Menschen unvorbereitet in Verhandlungen, die dann häufig sehr ziellos verlaufen. Stress und Ärger sind die Folge.

Eine gute Vorbereitung hilft dabei,

- die eigenen Anliegen und Zwänge besser zu verstehen,

- die Verhandlung sachbezogen zu führen sowie

- den Adressaten und Verhandlungspartner besser zu verstehen.

Zur Vorbereitung gehören:

- eine Situationsanalyse aus der eigenen Sicht,

- eine Situationsanalyse aus Adressatensicht und

- eine Lösungsanalyse.

Die eigene Situationsanalyse

Beschäftigen wir uns als Erstes mit Ihrer persönlichen Situationsanalyse. In der folgenden Checkliste finden Sie wesentliche Fragen dazu, die Sie beantworten sollten.

Eigene Situationsanalyse
- Welche Entscheidungskriterien passen auf den Fall? (Präzedenzfälle, Vergleichsfälle, akzeptierte Regeln, ...)
- Welche Entscheidungskriterien sind mir aus welchen Gründen wichtig?
- Welche Rahmenbedingungen gilt es zu beachten (zum Beispiel bestehende Verträge)?
- Welche davon kann man verändern?
- Welche davon sind von uns nicht zu verändern?
- Was sind wichtige Teilthemen oder Teilfragen der Verhandlungsthematik?
- Was ist mein Ziel hier und heute bzw. insgesamt?
- Wie wollen wir das Ziel erreichen?

- Was passiert, wenn wir das Ziel nicht erreichen?
- Welche Zwänge engen mich ein?
- Welche dieser Zwänge kann ich abbauen?
- Was sind meine Anliegen?
- Wie begründe ich meine Anliegen?
- Was sind meine Kernanliegen?
- Wie sieht eine gute Lösung für mich aus?

Zur Situationsanalyse aus eigener Sicht gehört auch die Klärung der eigenen *Ausstiegsoption.* Was verbirgt sich hinter diesem Begriff? Der Grundgedanke ist, sich das „Worst-Case"-Szenario klarzumachen. Die Ausstiegsoption ist die Antwort auf folgende Fragen:

- Was mache ich, wenn die Verhandlungen scheitern?

- Was passiert schlimmstenfalls, wenn wir in den Verhandlungen zu keinem Ergebnis kommen?

Die Ausstiegsoption markiert für Sie die unterste Grenze eines akzeptablen Verhandlungsergebnisses. Sie beschreibt das Schlimmste, das passieren kann, wenn es schief geht. Anders ausgedrückt: Jedes Ergebnis, das oberhalb Ihrer Ausstiegsoption liegt, ist ein für Sie im Grunde akzeptables Verhandlungsergebnis, mit dem Sie Ihre Lage verbessern.

Die Ausstiegsoption stärkt zugleich Ihre Verhandlungsmacht. Auch wenn die Ausstiegsoption Sie nicht mit Begeisterung erfüllt, so verschafft Sie Ihnen eine gewisse Ruhe. Sie wissen nämlich genau, was beim Scheitern der Verhandlung auf Sie zukommt („Okay, das Schlimmste, was passieren kann, ist dass ich … und damit werde ich schon fertig."), und sind mental und vielleicht auch schon materiell auf diesen Fall vorbereitet. Wir können das an einem Beispiel erläutern.

BEISPIEL

Sie möchten, dass bei einem Mitarbeiter eine Verhaltensänderung eintritt. Es wurden schon einige Gespräche geführt und Vereinbarungen getroffen, eine Verbesserung ist aber bis heute nicht eingetreten. Ihre Ausstiegsoption: Wenn das Kritikgespräch heute wieder nicht fruchtet, dann werden Sie eine Abmahnung aussprechen (Sie haben das mit Ihrem Vorgesetzten bereits besprochen).

Die Frage nach der Ausstiegsoption ist wirklich wichtig. Manchmal spielt man in Verhandlungen nämlich mit der Frage, ob man nicht besser aufstehen und einfach gehen sollte. Das führt ohne klare Ausstiegsoption vor Augen zu Ablenkung und daraus resultierender Unsicherheit. Mit einer klaren Ausstiegsoption wissen Sie ziemlich genau, ob es besser ist, zu bleiben oder abzubrechen, und können entschlossener und bestimmter auftreten.

Die Situationsanalyse aus Adressatensicht

Wie sieht die Angelegenheit aus der Sicht Ihres Gesprächspartners aus? Dieser Perspektivenwechsel spielt eine enorme Rolle bei der Suche nach einem brauchbaren Verhandlungsergebnis. Führt man diesen Perspektivenwechsel nicht bewusst durch, könnte das eigene egozentrische Weltbild ein gutes Verhandlungsergebnis verhindern.

Welche Fragen sollten bei der Partneranalyse beantwortet werden?

Situationsanalyse aus Adressatensicht
- Wie wichtig ist es dem Verhandlungspartner, zu einem Ergebnis zu kommen?
- Welche Anliegen hat er?
- Was sind seine Kernanliegen?
- Wie könnte für ihn eine ideale Lösung aussehen?
- Wie sieht seine Ausstiegsoption aus?
- Welchen Zwängen unterliegt er?

Ein Aspekt der letzten Frage sollte bei der Partneranalyse sehr genau berücksichtigt werden: Viele Verhandlungspartner sind anderen Menschen verpflichtet, die gar nicht bei der Verhandlung anwesend sind. Diese unsichtbare Hintermannschaft kann einen enormen Einfluss auf potenzielle Lösungen und den Gang der Verhandlung nehmen. Vor diesem Hintergrund ist es besonders wichtig, Ihren Gesprächspartner nicht in Situationen zu bringen, in denen er sein Gesicht verlieren könnte. In diesem Fall wären die Verhandlungen mit hoher Wahrscheinlichkeit zum Scheitern verurteilt.

Schon bei der Vorbereitung der Verhandlung sollte man sich deshalb Gedanken darüber machen, welche Interessen diese Hintermannschaft haben könnte und in welchem Umfang der Verhandlungspartner ihr verpflichtet ist.

Bei der Beantwortung dieser Fragen sollte man natürlich eine gewisse Vorsicht walten lassen. Schließlich handelt es sich um erste Hypothesen, die sich durchaus als falsch oder unvollständig erweisen können. Hören Sie daher im Gespräch gut zu, um die Sicht der anderen Seite wirklich zu verstehen und eigene Vorannahmen schnell revidieren und ergänzen zu können.

Die Lösungsanalyse

Im nächsten Schritt der Vorbereitung wenden Sie sich der Lösungsanalyse zu.

Lösungsanalyse
* Welche Lösungen könnten in Betracht gezogen werden, bei denen beide Seiten gewinnen?
* Wie ließen sich diese Lösungen begründen?
* Wie kann der Partner an der Entwicklung einer Lösung beteiligt werden? (Beteiligungsprinzip!)

Wie schon erläutert, suchen Sie idealerweise gemeinsam mit Ihrem Verhandlungspartner nach Lösungen, setzen ihm also nicht einfach eine Lösung vor. Eine gute, das heißt realistische und dauerhafte Lösung sollte möglichst alle Anliegen der Beteiligten abdecken. Gerade um auf diese gemeinsame Lösungssuche gut vorbereitet zu sein, ist es sinnvoll, sich schon im Vorfeld Gedanken zu machen und das Feld möglicher Lösungen zu erkunden. Soviel zur Vorbereitung auf eine Verhandlung.

So arbeiten Sie die Anliegen heraus: das WIDL-Gespräch

Je besser Sie die Anliegen Ihres Adressaten kennen, desto besser können Sie auf ihn eingehen. Die Vorbereitung liefert Ihnen zwar erste Vermutungen über seine Anliegen – aber eben auch nur das: Vermutungen. Diese gilt es zu erhärten oder zu revidieren. Und dazu ist es trivialerweise am sinnvollsten, sich über die jeweiligen Anliegen im Gespräch Klarheit zu verschaffen.

Das Herausarbeiten der Anliegen stellt einen entscheidenden Schritt bei der Suche nach einer einvernehmlichen Verhandlungslösung dar. Eine gute Lösung ist natürlich eine, die alle relevanten Anliegen unter einen Hut bringt, die das berücksichtigt, was für Überzeuger und Adressat wirklich wichtig ist. Gelingt das, so hat jede Verhandlungspartei ein starkes Interesse am Funktionieren der vereinbarten Lösung – es geht ja um die eigenen Anliegen. Später werden wir auf diesen Aspekt noch genauer eingehen.

Aus diesen Gründen sollten Sie, wenn möglich, schon vor der eigentlichen Verhandlung viel Energie und Aufmerksamkeit darauf verwenden, die Anliegen des Adressaten zu erkunden. Wir nennen diese Phase in einem Gespräch das WIDL-Gespräch. WIDL ist ein Akronym für die Frage „Was ist denn los?". Die Hauptmethoden in einem WIDL-Gespräch sind der Einsatz von Fragen und einfühlsames Zuhören; beides haben wir schon ausführlich besprochen. Ziel im WIDL-Gespräch ist es, zu erkennen, worum es dem Adressaten wirklich geht.

Um das WIDL-Gespräch zu strukturieren, können Sie sich den *Anlie-genfächer* vor Augen halten. Darunter verstehen wir eine Liste ver-schiedener Arten von Anliegen, die der Adressat haben kann und die vielleicht hinter seinem Standpunkt stehen. So sieht der Anliegen-fächer aus:

Fachliche Anliegen	Ärger wegen eines Programmier-problems, Wunsch nach besseren Maschinen, …
Sachliche Anliegen	Wunsch nach mehr Gehalt, Frust wegen der umständlichen Dienst-plangestaltung, Wunsch nach Verbesserung organisatorischer Abläufe, …
Persönliche Anliegen	Wunsch nach Akzeptanz im Team, Angst vor Über- oder Unterforderung, Ärger über die gestörte Beziehung zum Vorgesetzten, …
Private Anliegen	Probleme mit den Kindern, …
Intime Anliegen	Krankheit, …

Im beruflichen Kontext wird man sich auf die ersten drei Anliegenar-ten konzentrieren; nach diesen kann man gezielt fragen, ohne einen Tabubruch zu begehen. Die beiden letzten Anliegenkategorien sind allerdings eine klare Tabuzone. Sie werden nur aufgegriffen bzw. ange-sprochen, wenn der Adressat dies explizit wünscht oder von selbst anspricht.

KEINE VERSTECKSPIELE
Häufig verstecken sich hinter sachlich-fachlichen persönliche Anlie-gen, um die es eigentlich geht. Warum ist das so? Habe ich persönliche Anliegen, dann weiß ich oft nicht so recht, ob ich sie klar ansprechen

sollte. Kann ich dem anderen wirklich vertrauen? Hält er mich für ein Weichei? Wird er sich über mich lustig machen und es weitererzählen? Bin ich nicht doch überempfindlich? Wird bzw. kann er mich verstehen? Nimmt er mir meine Offenheit krumm? Gerade Führungskräfte fühlen sich im Gespräch mit Mitarbeitern auf der fachlichen und sachlichen Ebene recht wohl. Hier kann man gut argumentieren – man versteht alle Facetten des Problems, kennt seinen Laden und die Abläufe, hat schnell eine Lösung parat, ist Experte. Das Problem bei Gesprächen auf persönlicher Ebene: Da muss man sich ja auf den anderen einlassen – und wie das ausgeht weiß man nie so genau. Kurz: Über Fachliches und Sachliches redet es sich viel leichter und ungezwungener, als über diese „weichen" und schwer zu greifenden persönlichen Dinge.

Das Problem: Wenn Sie auf der fachlich-sachlichen Ebene argumentieren, während es Ihrem Gesprächspartner in Wirklichkeit um persönliche Dinge geht, ist es sehr schwer, eine vernünftige Lösung herbeizuführen. Das zeigt das nächste Beispiel.

BEISPIEL

In einem Unternehmen soll die Software SAP/R3 eingeführt werden. Einer der Mitarbeiter wehrt sich jedoch heftig dagegen. Im Gespräch mit seinem Vorgesetzten diskutiert man stundenlang über die Vor- und Nachteile des neuen Systems. Die Diskussion verläuft äußerst frustrierend. Der Vorgesetzte versteht nicht, warum der Mitarbeiter einfach nicht einsehen will, dass SAP/R3 das beste System für die Firma ist. Alle seine Überzeugungsversuche scheitern. Als ihm der Geduldsfaden zu reißen droht, besinnt sich der Vorgesetzte auf die Methode des WIDL-Gesprächs. Er macht auf der sachlich-fachlichen Ebene gar nicht weiter, sondern klopft systematisch die persönlichen Anliegen des Mitarbeiters ab. Ganz nebenbei stellt sich heraus, dass der Mitarbeiter noch nie mit dem System gearbeitet hat. Dem Vorgesetzten dämmert, dass der Mitarbeiter sich möglicherweise überfordert fühlt und Angst davor hat, mit der neuen Software nicht zurechtzukommen. Es war also im Wesentlichen ein persönliches Anliegen, das hinter dem massiven Abwehrverhalten des Mitarbeiters steckte. Diese Angst wollte er aber aus verständlichen Gründen nicht so einfach zugeben.

Häufig ist eine sehr emotionale Reaktion oder lang anhaltende, unerklärliche Sturheit des Gesprächspartners in Fach- und Sachfragen ein wichtiges Indiz dafür, dass etwas anderes, nämlich ein persönliches Anliegen, hinter dem Standpunkt stecken könnte. In solchen Fällen empfiehlt es sich, die sachlich-fachliche Ebene zu verlassen und durch einfühlsames Fragen die persönlichen Anliegen auszuloten: „Hm, also Ihre fachlichen Einwände gegen SAP/R3 habe ich jetzt verstanden. Was spricht aus Ihrer Sicht denn noch gegen das neue System – irgendwie ist Ihnen damit ja gar nicht wohl?"

KEINE VOREILIGEN LÖSUNGEN!
Viele neigen dazu, den Adressaten mit einer Lösung zu überfallen, sobald er seine ersten Anliegen geäußert hat. Das sieht dann in der Regel so aus: „Aha, darum geht es also. Sie brauchen gar nicht weiterreden, ich weiß schon, um was es geht. Also, da machen Sie jetzt einfach Folgendes …" Solche „Überfall-Überzeuger" hören dem Adressaten eigentlich gar nicht zu, sondern warten nur auf seine erste Atempause, um ihm Ihre (Patent-)Lösung zu präsentieren. Meistens wehrt sich der Adressat dann – zumindest ein bisschen – gegen diesen Vorschlag: „Also, so richtig überzeugt mich das jetzt nicht, ich sehe da schon ein Problem …" Das hat aber selten Erfolg. Widerstand spornt an, denn der „Überfall-Überzeuger" weiß schließlich am besten, was für den Adressaten (und überhaupt) gut ist: „Nein, nein, das sehen Sie nicht richtig, da haben Sie nicht ordentlich zugehört. Wenn wir das so machen, wie gerade besprochen, dann klappt das auch. Sie werden schon sehen, dass ich Recht habe, okay?"

Lösungen im Eilverfahren zu entwickeln ist ein Fehler, den gerade Führungskräfte manchmal begehen. Sie stehen unter Zeitdruck, wollen die Kontrolle über das Lösungsverfahren behalten und befürchten geradezu, dass der Mitarbeiter eigene Ideen entwickeln könnte – und die Dinge durcheinander geraten (zumindest am Ordnungsdenken der jeweiligen Führungskraft gemessen).

Als Überzeuger sollten Sie lieber aufmerksam zuhören und in aller Ruhe das WIDL-Gespräch in all seinen Erkundungsfacetten führen. Noch einmal: Es geht dabei nicht um Lösungen, sondern um die

Erkundung der „Anliegenlandschaft", also den Bau eines Fundaments für die spätere gemeinsame Lösungssuche. Erst dann, wenn die „Anliegenlandschaft" wirklich klar ist, können Sie in Zusammenarbeit mit dem Adressaten eine Lösung erarbeiten. Das kann im Anschluß an die WIDL-Phase erfolgen, muss aber nicht. Es kann ruhig ein weiteres Gespräch geben, bei dem dann die gemeinsame Lösungssuche im Mittelpunkt steht.

Wie erkennt man Anliegen und Kernanliegen?

Anliegen (Kernanliegen) werden nicht immer klar benannt. Wir geben Ihnen einige Tipps, wie Sie Anliegen erkennen können.

So erfahren Sie die Anliegen des Adressaten

- Stellen Sie offene und einladende Fragen!
- Wechseln Sie behutsam von sachlich-fachlichen zu persönlichen Themen!
- Haken Sie bei unklaren, vagen oder zögerlichen Äußerungen nach!
- Verfolgen Sie die Gesprächsinhalte genau: Das Abschweifen des Adressaten führt oft zum Kernanliegen!
- Machen Sie persönliche Anliegen zum Thema: „Wie könnte denn eine Lösung aussehen, die für Sie passt?"
- Achten Sie auf verbale Signale („Ich bin ja nur …"; „Immer machen alle …"; „Eigentlich …"; „Die da oben/unten …") und fragen Sie nach!

Wenn alle Anliegen auf dem Tisch liegen, geht es an die Entwicklung der Lösung. Natürlich ist es nicht immer möglich, ein ausführliches WIDL-Gespräch zu führen. Deshalb stellen wir Ihnen jetzt ein paar Schritte vor, die als roter Faden in einem Verhandlungsgespräch dienen können.

Das Verhandlungsmodell

Der französische *Diplomat Francois de Callières (1645–1717)* kannte sich in der Kunst des Verhandelns bestens aus. Er sagte: *„Das Geheimnis der Verhandlung liegt darin, die wirklichen Interessen der betreffenden Parteien in Einklang zu bringen."* Wie gelingt das? Die folgenden Schritte helfen dabei, diese Einsicht in die Tat bzw. in einem Gespräch umzusetzen. Sie tauchen in der einen oder anderen Form in den meisten Verhandlungsmodellen auf.

Die Parteien erläutern sich gegenseitig ihre Standpunkte

Zum Einstieg erläutert jede Partei ihren Standpunkt. Das ist wichtig, damit jede Seite „Dampf ablassen" und „Flagge zeigen" kann. Typische Einleitungsfloskeln auf dieser Ebene: „Ich möchte …", „Es muss auf jeden Fall …", „Was immer wir vereinbaren, muss Folgendes beinhalten …", „Vollkommen ausgeschlossen ist für uns …" usw. Für diese Phase sollten Sie ruhig etwas Zeit einplanen: diese Rituale beruhigen ungemein und bauen für jeden der Beteiligten eine gewisse Anfangsunsicherheit ab: „So, jetzt habe ich gleich klar gesagt, was Sache ist. Das hat ihn sicher ziemlich beeindruckt!"

Dabei ist es selten der Fall, dass die Standpunkte zusammenpassen. Wenn ich mehr Gehalt haben möchte und mein Chef mir nicht mehr zahlen will, sieht das erst einmal sehr nach einer Sackgasse aus.

Leider bleiben wir oft in dieser Phase des Verhandelns stecken. Bestenfalls versucht man noch, sich Zugeständnisse abzuringen, um wenigstens einen Kompromiss zu erreichen: „Geben wir doch beide ein bisschen nach." Aber ein Kompromiss ist nicht immer die beste Lösung. Oft ist er nur Ausdruck eines beängstigenden Mangels an Phantasie! Sehr schön illustriert dies eine Geschichte, *die Fisher und Ury in ihrem Buch „Getting to Yes" erzählen.* (Dieses Buch sei übrigens jedem empfohlen, der tiefer in den Themenkreis des Verhandelns einsteigen möchte):

Zwei Schwestern streiten sich um eine Orange. Sie einigen sich schließlich auf einen Kompromiss und teilen die Orange in zwei gleich große Teile. Diese Lösung scheint auf den ersten Blick vernünftig, sie ist es jedoch nicht. Denn hätte nur eine von ihnen gefragt: „Warum möchtest du die Orange?", so hätten sie Folgendes herausgefunden: Das eine Mädchen wollte die Orange essen, das andere brauchte die Schale, um damit einen Kuchen zu backen. Hätte die eine Schwester also das Fruchtfleisch bekommen, die andere die Schale, wäre ihren jeweiligen Interessen besser gedient gewesen. Jede von ihnen hätte gewonnen.

Ein Kompromiss ist also oft von Nachteil. Er ist aber dummerweise auch die bekannteste aller Verhandlungslösungen. Kompromisslösungen strebt man häufig dann an, wenn es um einen einzigen Verhandlungsgegenstand, ein einziges Thema geht, zum Beispiel um den Preis für ein Produkt. Die Lösungssuche findet dann nur eindimensional, also zum Beispiel entlang der Preisskala, statt. Alternativen zur Kompromisslösung zeigen wir später auf.

Die Parteien erläutern ihre Anliegen

Dies ist der nächste und entscheidende Schritt bei der Suche nach einer Verhandlungslösung. Sie konzentrieren sich auf die Anliegen, die hinter den Standpunkten stecken. Diese Phase (und die nächste) entspricht im Grunde einem in die Verhandlung eingebetteten WIDL-Gespräch. Zu den Anliegen kommt man durch Fragen wie diese: „Was ist Ihnen an Ihrem Standpunkt so wichtig?" „Was bedeutet diese Forderung für Sie?" „Warum muss das für Sie so sein und nicht anders?" Im Gegensatz zu den Standpunkten, die wegen ihres apodiktischen Charakters den Gesprächspartnern keinen Handlungsspielraum lassen, ermöglichen Anliegen einen wirklichen Austausch und die Chance sich anzunähern. Dieses Vorgehen ermöglicht es, eine für alle Beteiligten akzeptable Lösung zu finden. Hier ein Beispiel für einen Standpunkt und das Anliegen dahinter:

BEISPIEL

Erinnern Sie sich an das Urlaubsspiel vom Anfang des Buches? Die Mutter will unbedingt nach Mallorca in Urlaub fahren (ihr Standpunkt). Im Gespräch stellt sich heraus, dass sie viel Sonne genießen und hemmungslos faulenzen will. Diese Anliegen stecken also hinter dem Standpunkt. Neben Mallorca gibt es aber auch andere Urlaubsziele, die ihre Anliegen treffen und sich (vielleicht) mit den Anliegen der anderen Familienmitglieder in Einklang bringen lassen.

Die Parteien erläutern sich ihre Kernanliegen

Manchmal sieht man auch auf Basis der Anliegen keine Möglichkeit für eine Lösung, von der alle etwas haben. In so einem Fall lohnt es sich, nach den Kernanliegen zu forschen. Ein Kernanliegen ist entweder das wichtigste (die wichtigsten) aller vorliegenden Anliegen, oder das „Anliegen hinter den Anliegen". Hier ein Beispiel für den ersten Fall:

BEISPIEL

Lotta möchte sich einen Gebrauchtwagen kaufen. Der Verkäufer hat sich Zeit genommen, ihre Anliegen herauszuarbeiten, und fasst diese zusammen: „Gut, Sie möchten also einen schnellen, sportlichen Wagen. Idealerweise hat er ein offenes Verdeck. Er sollte gut in der Kurve liegen und sehr wenig Treibstoff benötigen. Und für Ihren Campingurlaub brauchen Sie genügend Platz für die Ausrüstung und das Gepäck von mindestens zwei Personen. Und das Ganze soll nicht mehr als 9.000 Euro kosten. Hm, es wird nicht leicht sein, das alles unter einen Hut zu bringen. Welche Punkte sind denn für Sie die wichtigsten?" Nach kurzem Nachdenken wird Lotta klar, dass für sie die sportlichen Aspekte Vorrang vor dem Stauraum haben; sie ist auch bereit, einen etwas höheren Benzinverbrauch für ein Mehr an Geschwindigkeit und Beschleunigung in Kauf zu nehmen. Damit haben die beiden Lottas Kernanliegen herausgearbeitet – und die Suche nach dem passenden Auto erleichtert.

Ein Kernanliegen kann aber auch ein weiteres, noch „tiefer" liegendes Anliegen, also ein Anliegen hinter den Anliegen sein. Es ist dann sozusagen die Quelle der Anliegen. Dazu das nächste Beispiel:

BEISPIEL

Fritz ist seit einiger Zeit unzufrieden. Die Arbeit als Programmierer nervt, die Kollegen ebenfalls. Sein Freund und Kollege Martin merkt, dass etwas nicht in Ordnung ist, und geht mit Fritz nach Feierabend „auf ein Bier". Er klopft auf den Busch und Fritz schüttet schnell sein Herz aus: „Oh Mann, das ist hier immer dieselbe Art von Arbeit. Ständig Programmieren! Und nie ein Wort der Anerkennung – als ob man eine Maschine wäre. Und wenn die Kollegen sich unterhalten, dann geht es ständig um dieselben drei Themen: Computer, Bundesliga und Computer." Martin kennt Fritz sehr gut und spürt, dass hinter diesen Anliegen noch etwas steckt. Nach einer Weile rückt Fritz auch tatsächlich mit seinem Kernanliegen heraus: „Na ja, du hast schon recht, neue Aufgaben im Team wären auch keine Lösung. Weißt du, was wirklich an mir nagt? Ich wollte immer Architekt werden und habe damals den Job als Programmierer nur gemacht, um ein bisschen Geld fürs Studium zu verdienen. Und plötzlich war ich voll drin. Ich habe einfach Angst, hier hängen zu bleiben und meinen Traum, Architekt zu werden, abschreiben zu müssen!"

Wie immer die Lösung für Fritz aussehen mag, sein Kernanliegen hat er auf den Punkt gebracht; aus dieser Quelle kommt die ganze Unzufriedenheit mit seiner beruflichen Situation.

Zum Kernanliegen kommt man also auf zwei Fragewegen: Man stellt die Prioritätenfrage („Welche Anliegen sind denn die wirklich wichtigen?" „Worauf kommt es denn am meisten an?" „Was hat denn für Sie die meiste Bedeutung?") oder die Quellenfrage („Warum sind denn diese Anliegen so wichtig für Sie?" „Ich habe den Eindruck, da steckt noch was dahinter. Worum geht es Ihnen denn eigentlich?").

So, und erst jetzt, wenn Anliegen und Kernanliegen klar erkannt und benannt sind, sollten Sie sich um die Verhandlungslösungen kümmern.

Die Parteien suchen gemeinsam nach Lösungen, die zu den Anliegen (Kernanliegen) passen

Der Schlüsselbegriff dabei lautet „gemeinsam". Die gemeinsame, ausdauernde und manchmal auch mühsame Suche nach Lösungen verbessert das gegenseitige Verständnis, schafft Vertrauen und setzt immer mehr „Lösungskreativität" frei. Wichtig ist in dieser Phase, nicht nur eine, sondern mehrere Lösungsmöglichkeiten zu erarbeiten. Mit jeder neuen Idee merkt man, dass es tatsächlich gute Wege aus der vermeintlichen Sackgasse gibt. Wir werden Ihnen weiter unten noch ein paar allgemeine Lösungsstrategien vorstellen, die in dieser Phase von Nutzen sein können.

Die Parteien einigen sich auf eine der Lösungen

Konsens ist in dieser Phase wichtig: Jeder Verhandlungspartner muss seine Kernanliegen berücksichtigt wissen. Alle Kernanliegen müssen unter einen Hut gebracht werden.

Sehen wir uns an einem realen Beispiel die fünf aufeinander folgenden Verhandlungsschritte im Überblick an.

BEISPIEL
Zwischen zwei Krankenschwestern, die auf einer Krankenhausstation arbeiten, gibt es Streit. Frau Huber ist sehr jung, sehr resolut und sehr offen. Frau Meier ist seit 35 Jahren Krankenschwester, hat also eine enormen Erfahrung und ist ein eher ruhiger Mensch. Beide streiten sich in einem Krankenzimmer vor den Patienten. Der Grund: Frau Meier hat sich um ein Bett gekümmert, für das eigentlich Frau Huber zuständig wäre.

Frau Huber wirft Frau Meier vor, sie ständig zu bevormunden, ihre veraltete Auffassung von Pflege aus Sturheit nicht ändern zu wollen und immer alles besser zu wissen. Außerdem fühlt sie sich nicht ernst genommen und von oben herab behandelt.

Frau Meier wirft Frau Huber vor, ihre Aufgaben nachlässig zu erfüllen, das Bett nicht rechtzeitig gemacht zu haben und trotz ihrer nur sehr geringen Erfahrung immer alles besser wissen zu wollen. Auch sie fühlt sich nicht ernst genommen und von oben herab behandelt.

Welche Anliegen und Kernanliegen gibt es in diesem Fall?

Das sind die Anliegen von Frau Meier: Sie hat den Wunsch nach optimaler Patientenversorgung, sie möchte ihre Erfahrungen an die jüngere Kollegin weitergeben, sie hat einen gewissen Führungsanspruch aufgrund ihrer Erfahrung, sie möchte gern den Respekt ihrer jüngeren Kollegin und sie will die Abläufe auf der Station beibehalten.

Ihre Kernanliegen: Respekt von den Kollegen, Beibehaltung der Arbeitsabläufe auf der Station.

Das sind die Anliegen von Frau Huber: Sie möchte sich durch Frau Meier nicht bevormunden lassen, sie hat neue Ideen, die sie einbringen möchte, sie will nicht, dass sich Frau Meier in ihre Arbeit einmischt, und wünscht sich Gleichberechtigung.

Ihre Kernanliegen: Wunsch nach Anerkennung trotz ihrer Jugend.

Nachdem die Anliegen und Kernanliegen herausgearbeitet waren, kam es zu folgender mehrstufiger Lösung: Auf Stufe eins wurde eine strikte Einhaltung der Bereiche vereinbart. Außerdem wurde beschlossen, dass eine gegenseitige Unterstützung nur nach ausdrücklicher Bitte um Hilfe erfolgen sollte. Auf Stufe zwei vereinbarte man ein gemeinsames Kleinprojekt zur Formulierung von Pflegestandards. Auf diese Weise konnte das Wissen beider Krankenschwestern zusammengeführt werden. Und auf Stufe drei sollte jede Krankenschwester einen Verbesserungsvorschlag der Kollegin umsetzen und ausprobieren. Hier kam also das Gegenseitigkeitsprinzip zum Tragen, das realistische und sinnvolle Vorschläge sicherstellte.

Tipps für Verhandlungen

Als wir einmal das Experiment „Konflikt aus dem Nichts" durchführten, legte eine Verhandlungsführerin gleich zu Beginn alle Anliegen Ihrer Gruppe offen auf den Tisch. Das verstörte den zweiten Verhandlungsführer, der sich verschiedene Angriffs- und Abwehrtaktiken für das Gespräch zurechtgelegt hatte, komplett. Er kam ordentlich „ins Schwimmen" und konnte seine so gut vorbereiteten Tricks nicht zum Einsatz bringen. Sein Kommentar: „Da kommt man an den Verhandlungstisch und ist auf alles Mögliche vorbereitet und was passiert? Sie sagt einfach ganz offen, worum es ihr geht! Was sollte ich denn da machen?" Was war passiert? Wir vermuten, dass hier das Gegenseitigkeitsprinzip wirkte. Auf die sehr kooperativen Verhaltensweisen konnte der zweite Verhandlungsführer nicht glaubwürdig und überlegt mit manipulativen Methoden reagieren, er wurde „entwaffnet". Er musste „unvorbereitet kooperativ" reagieren. Zyniker erkennen hierin vielleicht eine ganz perfide Art von Manipulation: Manipulation durch Offenheit.

Wir haben die Verhandlungsführerin nach dem Spiel gefragt, ob sie keine Angst gehabt habe, dass die Gegenpartei ihre Offenheit ausnützen würde. Ihre Antwort lautete: „Auf keinen Fall. Wenn ich gemerkt hätte, dass der andere ein Spiel zu spielen versucht, hätte ich mich natürlich zu wehren gewusst. Aber warum soll man es nicht erst einmal offen und ehrlich versuchen?"

Seien Sie kooperationsbereit

Bringen Sie Ihre Anliegen offen zur Sprache. Sprechen Sie die eigenen Interessen klar und ehrlich aus. Sie müssen ja nicht gleich alles offen legen, wenn Sie Angst haben, sich dadurch angreifbar zu machen. Aber einen markanten ersten Schritt empfehlen wir in jedem Fall. Das Risiko, dabei etwas zu verlieren, halten wir für gering. Im Gegenteil, Sie werden etwas gewinnen. Ihr Verhandlungspartner wird Ihnen sehr oft ebenso offen und kooperationsbereit begegnen, er wird „nachziehen". Durch Ihr Verhalten machen Sie Ihrem Gegenüber klar, dass

Ihnen nicht an irgendwelchen „Spielchen" gelegen ist. Wenn er „nachzieht", kommt die Verhandlung mit hoher Wahrscheinlichkeit schnell in Gang und wird mit wenig Reibungsverlusten über die Bühne gehen.

Geben Sie Informationen preis

Teilen Sie Informationen mit, die für Sie nicht „lebenswichtig" sind, aber durchaus einen Wert für Sie darstellen. Setzen Sie dadurch ein Signal und zeigen Sie Ihren Verhandlungswillen. Der andere wird dadurch auch eher bereit sein, wichtige Informationen auszutauschen.

Vermeiden Sie Eskalationen

Dazu kommt es sehr leicht, wenn Taktiken und Manipulationen zum Einsatz kommen. Bleiben Sie selbst immer sachlich und fair. Achten Sie auf echte Argumente und wirkliche Begründungen, sowohl dann, wenn Sie selbst argumentieren und das Gespräch führen, als auch dann, wenn Ihr Adressat seinen Standpunkt vertritt. Üben Sie niemals verbale Vergeltung, wenn Sie gereizt oder verletzt werden, sondern behalten Sie die Kontrolle über sich und das Gespräch.

Verfolgen Sie beharrlich Ihren Weg

Lassen Sie sich nicht ablenken. Behalten Sie bei einem Gespräch immer Ihr Thema, Ihre Anliegen und mögliche Lösungen vor Augen. Ein bisschen Hartnäckigkeit kann nicht schaden.

Begegnen Sie anderen unvoreingenommen

Machen Sie nicht den Fehler, das Verhalten des Adressaten als Verhalten eines bestimmten Personentyps zu deuten. Wie häufig sind Sätze zu hören wie „Der ist halt ein schwieriger Mensch!" Oder: „Die ist eben eine Mimose!" Unterstellen Sie auch keine Absichten, die Sie nicht geprüft haben. Wer Typisierungen und Unterstellungen im Hinterkopf hat, kann nicht mehr unvoreingenommen sein. Man filtert aus einem Gespräch dann nur noch die Dinge heraus, die eigene Vorurteile bestätigen. Dadurch entgehen Ihnen Chancen, Gespräche positiv zu wenden.

Verhandlungslösungen: Wie profitieren alle?

Viele kreative Lösungen werden verhindert, weil man nicht glauben kann (oder mag, auch diese Zeitgenossen gibt es), dass tatsächlich beide Parteien gewinnen können. Vielmehr herrscht folgende Überzeugung vor: Wenn die eine Partei gewinnt, muss die andere Partei notwendigerweise verlieren. Jeder Verhandlungspartner geht stillschweigend davon aus, dass die eigenen Anliegen denen des Verhandlungspartners diametral entgegenstehen. Doch es ist schlicht falsch zu glauben, dass alles, was dem einen nützt, dem anderen zwangsläufig schaden muss.

Wer in dieser Denkweise verfangen ist, der fragt natürlich: Wer bekommt das größte Stück von dem Kuchen, den (vermeintlich) alle wollen? Die Verhandlungen führen dabei oft zu suboptimalen Ergebnissen, zu Kompromissen.

In diesem Zusammenhang ist häufig zu beobachten, dass Konzessionen der anderen Seite immer wieder systematisch abgewertet werden. Der Gedanke ist hier: „Wenn die anderen bereit sind, in diesem Punkt ein Zugeständnis zu machen, dann kann er für sie nicht so wichtig sein."

Grundsätzlich gilt: Die Anliegen der Parteien sind in den meisten Fällen zwar unterschiedlich, aber nicht unverträglich. Hat man diese Erkenntnis gewonnen, kann man sich auf die Suche nach integrativen Lösungen machen.

> Integrative Lösungen reformulieren das Problem und geben eine Antwort auf die Frage: Wie kann die Verhandlungslösung so gestaltet werden, dass jeder davon profitiert? Was können wir tun, damit die Kernanliegen beider Seiten erfüllt werden?

Es gibt verschiedene Ansätze für integrative Lösungen, hier die wichtigsten.

Der Königsweg

Der Königsweg integrativer Verhandlungslösungen wird im Englischen auch Bridging genannt. Bridging bedeutet, das Verhandlungsthema neu zu formulieren, um dadurch ein größeres Lösungspotenzial zu erhalten. Man bewegt sich von den Standpunkten weg, hin zu den Anliegen. Erläutern wir dies an einem bereits bekannten Beispiel.

BEISPIEL
Franz verlangt in einem Gespräch mit seinem Chef 500 Euro mehr Gehalt im Monat (sein Standpunkt). Seine Anliegen dahinter: Er möchte die Ausbildung seiner Tochter finanzieren und eine materielle Anerkennung für seine Arbeit. Sein Arbeitgeber möchte ihm jedoch nicht einfach 500 Euro mehr geben. Der Chef schlägt vor, dass Franz ein Wagen zur Verfügung gestellt wird, der im Moment nicht genutzt wird. Dadurch erhält Franz eine geldwerte Vergütung und er kann etwas Geld sparen, das er für die Ausbildung seiner Tochter nutzen kann.

Das Verhandlungsthema: „Mehr Geld!" wurde neu formuliert: „Wie können unsere Anliegen unter einen Hut gebracht werden?" Durch die Lösung mit dem Dienstwagen können beide Seiten Ihre Anliegen bzw. Interessen wahren. Der Chef hat sich gefragt: „Welches Angebot könnte das Anliegen meines Mitarbeiters erfüllen?" Dieses Beispiel zeigt sehr deutlich, dass es oft mehrere zufrieden stellende Lösungen gibt – und damit auch mehrere Gewinner.

Ressourcenerweiterung

Viele Verhandlungen drehen sich um die Verteilung knapper Ressourcen. Eine integrative Lösung könnte gefunden werden, indem die zur Debatte stehenden Ressourcen vergrößert werden. Das gelingt Ihnen, indem Sie die Anfangsannahmen noch einmal überprüfen! Diese Strategie funktioniert allerdings nur, wenn die Kernanliegen sich nicht diametral gegenüberstehen.

BEISPIEL

Zwei Abteilungen streiten sich um einen besonders begabten Trainee. Ihre Lösung: Man sucht gemeinsam nach Möglichkeiten, wie man besonders begabte Trainees in Zukunft besser identifizieren und „an Bord holen" kann. Bei dieser Lösungsstrategie wird die Grundfrage: „Wer bekommt A?" geändert in: „Was können wir tun, um mehr von A zu bekommen, sodass jeder in Zukunft genug hat?"

Tauschhandel

Bei einem Tauschhandel versucht man, einen Interessenausgleich zu finden: Jede Partei macht Zugeständnisse auf Gebieten, die ihr nicht so wichtig sind im Austausch für Zugeständnisse auf ihr wichtigeren Gebieten. Es findet sozusagen ein Tauschhandel mit Anliegen statt. Funktionieren kann das Ganze nur, wenn man die jeweiligen Anliegen und Kernanliegen kennt. Diese Strategie ist sinnvoll, wenn die Parteien sich in ihren Positionen festgefahren haben. Sie ist auch zu empfehlen, wenn von vornherein klar ist, dass mehrere Probleme zur Debatte stehen. Das Überraschende daran ist, dass diese Strategie gerade im Fall unterschiedlicher Anliegen oft zu tragfähigen Lösungen führt!

BEISPIEL

Zwei Abteilungen erheben Anspruch auf einen frei gewordenen Raum. Abteilung A möchte den Raum als Lager nutzen, Abteilung B will dort zwei Mitarbeiter unterbringen. Die Lösung: Die zwei Mitarbeiter von B bekommen Arbeitsplätze „im Territorium" der Abteilung A und A erhält den umstrittenen Raum ganz, um ihn als Lager zu nutzen.

Externe Kompensationen

Bei dieser Verhandlungslösung erhält eine Partei, was sie möchte. Ihr Standpunkt wird erfüllt. Die andere Partei erhält dafür eine Kompensation auf einem Gebiet, das nichts mit der Verhandlungssache zu tun hat. Deshalb der Name externe Kompensation.

Bei einer externen Kompensation werden zusätzliche „Probleme" oder Themen auf den Tisch gebracht, um das Verhandlungsfeld zu vergrößern und so die Wahrscheinlichkeit einer Lösung zu erhöhen. Auch hier muss man zunächst die Anliegen der Parteien deutlich herausarbeiten, um mögliche Erweiterungen des Verhandlungsfeldes zu erkennen.

Für die externe Kompensation sind folgende Fragen relevant:

- Was würde A B anbieten, wenn B alles bekäme?

- Wie viel ist Ihnen die Sache X wert?

BEISPIEL:
Maria soll an Weihnachten und Sylvester für die Hotline zur Verfügung stehen. Es gab einige Krankheitsausfälle und die Vorgesetzte hält Maria für die Erfahrenste. Maria willigt ein, unter der Voraussetzung, dass ihr die Chefin im nächsten Jahr die einwöchige Fortbildung gewährt, die sie schon lange besuchen wollte.

Kostenreduktion

Bei dieser Verhandlungslösung erhält eine Partei, was sie möchte und kompensiert die dadurch entstandenen Kosten für die andere Partei.

Die Partei, die das Zugeständnis macht, erhält sozusagen ein Schmerzensgeld.

Die Fragen sind hier:

- Welche Kosten entstünden für A, wenn es X an B gäbe?

- Wie können diese Kosten kompensiert werden?

Um die relevanten Kosten zu identifizieren, müssen auch hier wieder die Anliegen und Interessen geprüft werden.

BEISPIEL
Johann möchte Ludwig nach Beendigung des Projekts als Projektleiter halten, weil er mittlerweile über sehr viel Erfahrung verfügt. Eigentlich war geplant, dass Ludwig in seine alte Abteilung zurückkehrt. Dort wartet man schon sehnsüchtig auf ihn. Ludwig wäre auch bereit, noch einmal ein Projekt zu übernehmen. Johann macht der Abteilung den Vorschlag, jemanden von seinen Mitarbeitern für Ludwigs alte Aufgaben abzustellen und auch für eine adäquate Einarbeitung zu sorgen. (Das Anliegen der anderen Abteilung lautete: „Wir brauchen jemanden, der die Aufgabe übernimmt und Erfahrung darin hat bzw. gut eingewiesen ist.")

Multiple Angebote

Viele Verhandler machen relativ früh ein Angebot, um einen Ankereffekt zu erzielen, das heißt, die Diskussion auf ihr Angebot zu konzentrieren. Die Verhandlung wird dadurch von Anfang an in bestimmte Richtungen gelenkt. Bevor man ein Angebot macht oder ernsthaft diskutiert, sollte man jedoch so viele Informationen wie möglich sammeln.

Wenn Sie dann ein Angebot (einen Lösungsvorschlag) machen, sollten Sie nicht nur eines auf den Tisch legen, sondern gleich mehrere. Wenn man nämlich mehrere Angebote macht, erhält man mehr Informationen darüber, was die andere Seite für akzeptabel hält.

Wenn zum Beispiel alle Angebote, die Sie gemacht haben, abgelehnt werden, dann kann man fragen, welches Angebot einer akzeptablen Lösung am nächsten kam. Oder, welche Bestandteile der einzelnen Angebote man kombinieren könnte. Hat man nur ein Angebot auf den Tisch gelegt, kann man diese Fragen natürlich nicht stellen.

Unterschiede nutzen

Viele denken, dass Unterschiede zwischen den Verhandlungsparteien eine akzeptable Verhandlungslösung grundsätzlich verhindern. Das ist jedoch nicht richtig. Im Gegenteil: Wer Differenzen gezielt nutzt, kommt sehr oft zu besseren Verhandlungslösungen.

Welche Arten von Unterschieden sind besonders fruchtbar? Wir möchten Ihnen drei vorstellen:

1. UNTERSCHIEDE BEI DER EINSCHÄTZUNG, WIE WAHRSCHEINLICH ZUKÜNFTIGE EREIGNISSE SIND

Die Verhandlungsparteien sind sich uneinig darüber, welche Ereignisse wahrscheinlich eintreten werden. Diese Differenz kann durch Lösungen aufgefangen werden, die eine „Wenn"-Klausel enthalten.

BEISPIEL

A möchte Unternehmen B kaufen. Unternehmen B entwickelt gerade ein neues Produkt, von dem es glaubt, dass es den Gewinn um 50 Prozent erhöht. B verlangt daher einen höheren Kaufpreis, als A zu zahlen bereit ist. Unternehmen A glaubt, dass der Beitrag zum Gewinn höchstens zehn Prozent darstellt. Diese Differenz in den Sichtweisen kann nun integriert werden: A macht den Vorschlag, zuerst den geringeren Kaufpreis zu bezahlen und wenn der Gewinn tatsächlich steigt, eine Zusatzprämie.

2. UNTERSCHIEDE BEI RISIKOPRÄFERENZEN

Die Verhandlungsparteien zeigen unterschiedliche Risikobereitschaft. Eine Lösung kann darin bestehen, die Differenz durch Sicherheitsgarantien und größere Belohnungen auszugleichen. Der Risikoscheuere erhält eine Sicherheitsgarantie, der Risikofreudigere eine höhere „Rendite".

3. UNTERSCHIEDLICHE ZEITPRÄFERENZEN

Es herrscht Uneinigkeit darüber, in welchem Zeitrahmen etwas zu geschehen hat oder ein Ergebnis zu erzielen ist. Von dieser Lösung profitiert, wer unter einem geringeren Zeitdruck steht.

BEISPIEL

Man regelt die Zusammenarbeit auf Basis einer Erfolgsbeteiligung: A möch-te sofort und rasch starten; B will sich noch mehr Zeit geben. A steht vor einer finanziellen Krise, B hat ein größeres Polster. A bekommt eine Vorfi-nanzierung, was auf die Erfolgsbeteiligung angerechnet wird. Seine Erfolgs-beteiligung fällt insgesamt etwas geringer aus als die von B.

Die Groblösung

Häufig kommt man zu keiner Lösung, weil man sich in Details und Einzelheiten verliert. In diesem Fall bietet sich folgendes Vorgehen an: Zuerst versucht man, sich auf eine Groblösung zu einigen. Man ver-einbart aber bereits im Vorfeld, dass dann im Anschluss geprüft wird, wie diese vorläufige Vereinbarung optimiert werden kann. Die Verbes-serung könnte dann durch eine dritte unabhängige Partei erfolgen. Vorteil dieser Methode ist: Man verzettelt sich nicht im Detail, erzielt zumindest schon einmal eine Einigung über Grundlegendes und hat aus der Sackgasse herausgefunden.

Vereinbarungen nicht vergessen

Wenn Sie Lösungsmöglichkeiten gesammelt und sich für eine Lösung entschieden haben, treffen Sie und Ihr Gesprächspartner noch eine klare Vereinbarung. Darin wird festgelegt, wer bis wann was mit wel-chem Ergebnis tun wird. Die Vereinbarung ist ein präziser Handlungs-plan zur Umsetzung der Verhandlungslösung. Sie sollte zu einer ech-ten Verpflichtung mit hoher Vereinbarungstreue führen. Wird das ver-gessen, kann man in der Folge von Verhandlungen oder Überzeu-gungsgesprächen oft den Okavango-Effekt beobachten. Der Okavango ist ein Fluss in Afrika mit einem riesigen Delta in der Kalahari – und in diesem Trockengebiet versickert der Fluß dann einfach. So geht es auch vielen Lösungen – sie versickern einfach irgendwo und irgend-wie.

Warum wird die Vereinbarung oft vergessen? Man ist froh, die Sache hingekriegt zu haben, man ist müde und ein bisschen erschöpft, vielleicht ist man auch euphorisch, eine schwierige Verhandlung so elegant abgeschlossen zu haben. Manchmal spielt auch die Befürchtung eine Rolle, über die Formulierung der Vereinbarung wieder in Streit über Details zu geraten („Lieber lassen wir das jetzt, das wird sich in der Praxis dann schon irgendwie einspielen." Kommentar der Autoren: „Denkste!"). Man geht auseinander und glaubt oder hofft, dass jeder verstanden habe, was genau zu tun sei und sich auch dementsprechend verhalten wird. Und diese Hoffnung wird oft genug – das wissen wir alle – nicht erfüllt.

Hier zwei Tipps für Vereinbarungen: Lassen Sie den Adressaten die Vereinbarung selbst formulieren oder formulieren Sie den Text gemeinsam. Man fühlt sich durch einen selbst formulierten Text stärker gebunden. Darüber hinaus sollten Sie sich an das Prinzip der Schriftlichkeit halten. Was Schwarz auf Weiß festgehalten wird, hat klar verbindlichen Charakter.

Im „Personality and Social Psychology Bulletin" (1996) beschreiben Delia Cioffi und Randy Garner folgendes Experiment: College-Studenten in einer Gruppe A wurden gefragt, ob sie an einem AIDS-Unterrichtsprojekt an ihrer Schule teilnehmen würden. Wer teilnehmen wollte, musste in dieser Gruppe explizit in einem Formular eintragen, dass er gern daran teilnehmen würde. Die Studenten in Gruppe B mussten auf einem anderen Formular dazu nur ein entsprechendes Feld frei lassen, wenn sie an dem Projekt teilnehmen wollten. Sie waren also nicht gezwungen, explizit eine Aussage zu formulieren. An dem Tag, als das Projekt gestartet wurde, stellte sich heraus, dass 74 Prozent der Studenten aus der Gruppe A kamen.

Blockaden und Barrieren gekonnt überwinden

Es gibt Situationen, in denen wir mit unseren besten Überzeugungs- und Verhandlungsmethoden keinen Erfolg erzielen. Man hat sich festgefahren, die Barrieren scheinen unüberwindbar. Es geht keinen Millimeter weiter – es ist zum Verzweifeln! Was geht in solchen Situationen vor sich? Warum mauert der Adressat? Warum ist er für alle unsere Argumente und Überzeugungsversuche unzugänglich?

Blockaden können viele Gründe haben

Die Gründe für abwehrendes Verhalten sind so vielfältig und unberechenbar wie wir Menschen. Deshalb wird es auch immer wieder Überzeugungsgespräche geben, die zu keinem Ergebnis führen. Relativ oft erklärt sich Blockadeverhalten aber durch Folgendes:

- Der Adressat empfindet das Verfahren nicht als gerecht. Sein Gerechtigkeitsempfinden wurde verletzt.

- Der Adressat fühlt sich übergangen und nicht genügend beteiligt – eine der häufigsten Erklärungen für Widerstand!

- Der Adressat sitzt in einer Entscheidungsfalle.

„Entscheidungsfalle" heißt, dass der Adressat sich aus bestimmten Gründen einfach nicht entscheiden kann, seine Meinung zu ändern. Häufig sind die Gründe für solche Entscheidungsblockaden irrationaler Art.

So bringen Sie wieder Bewegung ins Gespräch

Als Überzeuger haben Sie einige Möglichkeiten, den Adressaten aus seiner Unbeweglichkeit zu befreien. Wir stellen Ihnen mehrere Ideen dazu vor und geben Hinweise, in welchen Fällen diese hilfreich sein können.

Handeln statt reden

Selbst handeln und den ersten Schritt zu tun – das kann ein wichtiges Signal für den Adressaten sein. Der Adressat erkennt, dass es Ihnen ernst mit Ihrer Sache und Ihrem Anliegen ist. So ernst, dass Sie dafür auch etwas tun. Die Reise des ägyptischen Präsidenten Sadat nach Jerusalem ist dafür ein gutes Beispiel. Dieser Schritt war mehr wert als eine seitenlange Erklärung zu den Friedensabsichten Ägyptens. Motto: „Actions speak louder than words."

Benchmarking

Benchmarking heißt, systematisch von den Besten lernen. Warum sich dafür der englische Begriff eingebürgert hat, wissen wir auch nicht. Wahrscheinlich, weil es romantischer oder professioneller klingt. Wie kann man Benchmarking in Überzeugungssituationen nutzen? Bringen Sie Beispiele, die als Benchmark für Ihren Adressaten dienen können. Eine Bestleistung wirkt als Anreiz.

BEISPIEL
In einer psychiatrischen Klinik wurde diese Methode benutzt, um die Mitarbeiter für eine Neustrukturierung der Organisation und der Abläufe zu gewinnen. Der Benchmark war hier eine sehr erfolgreiche und renommierte andere psychiatrische Klinik. Der Vergleich zeigte zum einen, dass die Veränderung von Organisation und Abläufen sehr wohl möglich ist, zum anderen fungierte er als eine Art Ansporn für die Mitarbeiter, die sich sagten: „Was die können, das schaffen wir auch."

Erleben lassen

Sprechen Sie die Sinne des Adressaten an. Lassen Sie ihn erleben, wie die Sache, für die Sie eintreten, konkret aussehen könnte. Eigene Erlebnisse und Erfahrungen haben eine enorme Überzeugungskraft, wie das folgende Beispiel zeigt.

In einem Hotel möchte die neue Geschäftsleitung zusammen mit den Mitarbeitern ein Leitbild entwickeln. Es werden Berater eingeladen, die den Mitarbeitern in Informationsveranstaltungen die Vorteile eines gelebten Leitbilds näher bringen. Trotzdem bleibt die Skepsis sehr groß; die Mitarbeiter glauben nicht recht an den Erfolg eines Leitbilds. Zu oft schon wurden unter anderen Namen Veränderungsprozesse im Haus angestoßen, die zu nichts geführt haben. Die Geschäftsleitung fasst deshalb den Entschluss, mit allen Mitarbeitern ein Tagungshotel in der Nähe zu besuchen, das für sein gelebtes Leitbild bekannt ist („Benchmark" – Sie wissen ja, die Professionalität!). Der Besuch des Tagungshotels ist ein voller Erfolg, die Mitarbeiter können sich mit den Angestellten des Tagungshotels unterhalten und einen Blick hinter die Kulissen werfen. Am Ende der Reise sind die meisten davon überzeugt, dass die Entwicklung eines Leitbilds sich auch für ihr Haus lohnen wird.

Tests und Pilotprojekte

Viele Menschen sind Neuerungen gegenüber grundsätzlich skeptisch eingestellt. Sie fragen sich erst einmal, und das in aller Ausführlichkeit, worauf sie sich da eigentlich einlassen, wenn sie einem Vorschlag folgen. Gegen Neuerungen stehen zum Glück auch jahrtausendealte Einsichten menschlicher Intelligenz als Abwehrargumente zur Verfügung: „Das haben wir ja noch nie so gemacht – warum also eine Änderung?" Oder: „Das haben wir ja schon immer so gemacht – warum also eine Änderung?"

Sie können diesem Sicherheitsdenken Rechnung tragen und es vielleicht doch überwinden, indem Sie ein Pilotprojekt bzw. einen Test anbieten. Da das Pilotprojekt Versuchscharakter hat und auch klar als solches deklariert ist, bleibt das Risiko überschaubar. Man hat sich noch nicht endgültig festgelegt und kann, wenn das Ergebnis nicht den Erwartungen entspricht, zum bestehenden oder alten System zurückkehren.

BEISPIEL
Die Firma MagnaTem möchte ein neues Seminarkonzept ausprobieren, in dem klassische Seminarthemen mit Outdoor-Aktivitäten verknüpft sind. Der Personalentwicklungsleiter ist sich jedoch nicht sicher, ob dieses neue Konzept auch von den Mitarbeitern angenommen wird. Deshalb vereinbart man mit dem Seminaranbieter eine Pilotphase mit drei Seminaren. Danach will man das Konzept bewerten und entscheiden, ob es sinnvoll ins Seminarprogramm von MagnaTem übernommen werden kann.

Kleine Schritte und Signale

Wenn man etwas verändern möchte und die Widerstände gegen die Veränderung groß sind, dann kann es durchaus vernünftig sein, mit kleinen Schritten zu beginnen – auch wenn man viel verändern möchte. Kleine Veränderungen haben oft eine größere Erfolgswahrscheinlichkeit als große. Sie zeigen auch schneller Ergebnisse als groß angelegte Projekte. Bei Letzteren geht nämlich oft sehr viel Zeit ins Land und vielen Beteiligten der Atem aus, bis erste Erfolge sichtbar werden. Kleine Fortschritte haben eine nicht zu unterschätzende Signalwirkung: Jeder sieht, dass man etwas erreichen kann, die Menschen gewöhnen sich langsam an die Veränderungen.

BEISPIEL
Hubert ist Leiter eines Verkaufsteams für elektronische Produkte. Er möchte den Informationsaustausch unter seinen Mitarbeitern, die eher als Einzelkämpfer agieren, fördern. Alle vier Wochen findet in der Firmenzentrale eine Konferenz statt, an der alle aus Huberts Team teilnehmen. Auf dieser Konferenz führt Hubert einen neuen Tagesordnungspunkt ein. Er nennt ihn: „Was ich über meine Kunden gelernt habe". Ziel dieser Maßnahme ist, dass sich die Mitarbeiter über Aspekte austauschen, die im Kontakt mit dem Kunden überraschend, interessant und erkenntnisreich waren. In der ersten Konferenz verläuft der Austausch noch etwas zäh, aber auf der nächsten Sitzung

sind die Teilnehmer schon vorbereitet und es kommt zu einem regen Gedan-kenaustausch. Die Folge dieser kleinen Maßnahme war, dass die Mitarbeiter sich nun auch zwischen den Konferenzen austauschten und Informationen weitergaben. Hubert war damit seiner Vision eines intensiven Informations-austauschs ein ganzes Stück näher gekommen.

Die positive Abweichung

Ein Beispiel aus der Entwicklungshilfe veranschaulicht eine weitere Möglichkeit, Veränderungen einzuleiten. Wir nennen sie die „positive Abweichung".

In Bangladesh herrschte in vielen Orten eine gravierende Unterernährung. Die Entwicklungshelfer wollten Abhilfe schaffen. Im Zuge ihrer Untersu-chungen stellten sie fest, dass es Familien gab, die nicht so massiv von Unte-rernährung geplagt waren, auch wenn sie finanziell genauso schlecht gestellt waren wie die anderen Familien. Sie stellten eine positive Abweichung von der allgemeinen Situation dar. Was lief bei diesen Familien anders? Man untersuchte die Fälle genauer und stellte fest, dass sie zum Teil andere Nah-rungsmittel verwerteten und die Nahrungsmittel anders zubereiteten. Diese Vorgehensweise half ihnen, der Mangelernährung entgegenzuwirken. Die Entwicklungshelfer nutzten nun diese Vorgehensweise als Lernmodell für die restlichen Dorfbewohner. Das Positive dabei war: Die Dorfbewohner lernten nicht von externen Experten, sondern von den eigenen Leuten. Das führte dazu, dass die Ideen und Vorschläge bereitwilliger aufgenommen und umge-setzt wurden.

Sie können diese Methode auch in Überzeugungssituationen nutzen: Identifizieren Sie eine Person oder eine Zielgruppe, die solide Akzep-tanz beim Adressaten genießt und deren Verhalten als Lernmodell die-nen kann.

Mit welchen Methoden löst man welche Blockaden?

Wenden wir uns nun der Frage zu, in welchen Fällen die soeben vorge-stellten „Blockadenlöser" eingesetzt werden können.

Wenn der Adressat im Status quo verharrt

In vielen Situationen entwickelt der Status quo enorme Attraktivität im Vergleich zu möglichen Alternativen. In Experimenten konnte nachgewiesen werden, dass Menschen umso stärker zum Status quo tendieren, umso mehr Alternativen Ihnen angeboten werden. Aus ver-schiedenen Alternativen wählen zu müssen, wird als zu anstrengend, als verwirrend erlebt; und so geht man den vermeintlich bequemeren und klaren Weg, der in der Aufrechterhaltung des Status quo besteht. Dahinter steckt bisweilen auch die Annahme, dass sich das Risiko, eine falsche Entscheidung zu treffen, mit der Zahl der Alternativen erhöhe. Also: Lieber auf Nummer sicher gehen.

Die Entscheidung für den Status quo kann natürlich auch eine gute sein; jedoch sollte man sich nicht deswegen für den Status quo ent-scheiden, nur weil es der Status quo ist. Vielmehr sollte man überle-gen, ob man die Status quo-Alternative auch dann wählen würde, wenn es sich nicht um den Status quo handelte, sie also eigenständig bewerten.

Da der Wunsch nach Aufrechterhaltung des Status quo oft mit Verlu-stangst einhergeht, ist der Überzeuger mit erheblichen Widerständen konfrontiert, die nicht leicht zu überwinden sind. Was kann der Über-zeuger tun, wenn er merkt, dass der Adressat zum Status quo tendiert und neue Ideen abblockt?

- Bieten Sie dem Adressaten nie zu viele Optionen an.

- Befriedigen Sie sein Sicherheitsbedürfnis, indem Sie ihm einen Test oder ein Pilotprojekt vorschlagen.

- Auch Benchmarking und die Methode der positiven Abweichung könnten eingesetzt werden. Diese Maßnahmen wirken anspornend bzw. Vertrauen bildend.

Wenn der Besitzeffekt eintritt

In engem Zusammenhang mit dem Festhalten am Status quo steht der Besitzeffekt. Dieses Phänomen taucht ziemlich oft in Überzeugungs- und Verhandlungssituationen auf. Thema: Der Adressat soll sich von etwas trennen, das sich in seinem „Besitz" befindet. Problem: Zu diesem Etwas haben sich im Laufe der Zeit eine Fülle emotionaler und persönlicher Bindungen aufgebaut. Man hat sich an dieses Etwas und seine Eigenschaften gewöhnt; es ist Teil lieb gewordener Alltagsroutinen. Klassische Beispiele: Es kann sehr schwer sein, Mitarbeiter zu einem Umzug in andere Büroräume zu bringen. Auch wenn die neuen Räume funktionaler, heller, größer, luftiger sind: Es gibt Widerstand! Sehr viele Erinnerungen, gemeinsame Erlebnisse etc. sind mit den alten Räumen verbunden – sie sind „irgendwie persönlicher". Oder denken Sie an ein EDV-Team, das eine eigene Software entwickelt hat, sich nun von seinem „Lovebaby" trennen und eine alternative Software nutzen soll. Da bringt es gar nichts, auf die objektiv nachweisbaren Vorteile der neuen Software zu verweisen: Im Handumdrehen fallen dem Team zahlreiche Argumente gegen den Softwarewechsel ein.

Was kann man tun, wenn der Adressat seinen Besitz nicht aufgeben will?

- Laden Sie ihn ein, das Neue einfach einmal auszuprobieren, vielleicht in kleinen Schritten.

- Starten Sie Pilotprojekte. Sie geben dem Adressaten die Chance, den Vorteil einer neuen Idee zu erkennen und sie zu akzeptieren.

Wenn der Adressat in der Bestätigungsfalle sitzt

Häufig lässt der Adressat nur solche Informationen gelten, die seine eigenen Meinungen und Hypothesen bestätigen. Widerlegende Informationen werden einfach ignoriert.

BEISPIEL

Als man die Invasion Kubas plante, ging das amerikanische Beraterteam von der Annahme aus, dass sich bei Start der Invasion das kubanische Volk erheben und die Invasion unterstützen würde. Diese Annahme sah man durch Gespräche mit geflüchteten Exilkubanern bestätigt. Diese Personengruppe war aber natürlich voreingenommen und so kam es, dass man geflissentlich alle widerlegenden Informationen ignorierte. Die Invasion war ein Desaster und die Annahme stellte sich als falsch heraus.

Die Bestätigungsfalle ist vor allem in Konfliktsituationen brisant. Schnell entwickelt sich ein negatives Bild der anderen Partei. Man klopft dann eingehende Informationen nur noch darauf ab, wie sie dieses Bild bestätigen können. Wenn Sie ein griffiges Feindbild von einer anderen Person haben, suchen Sie dann aktiv nach Daten, die dieses Bild ins Wanken bringen könnten? Bemühen Sie sich, nach guten Seiten „des Feindes" zu suchen? Ist Ihr Blick offen für seine positiven Charakterzüge? Sehen Sie, so funktioniert die Bestätigungsfalle: Informationen, die nicht zu unserem Bild bzw. zu unserer Meinung passen, werden gnadenlos ausgefiltert.

Wenn dem Überzeuger massive Skepsis und Misstrauen entgegenschlagen, könnte es sein, dass der Adressat in einer solchen Bestätigungsfalle sitzt. Alles, was der Überzeuger sagt, wird gegen ihn verwendet. Wie lösen Sie das Problem?

- Vergessen Sie Verbales, handeln Sie lieber! Durch Handeln können Sie den Adressaten zur Aufgabe seiner vorgefertigten Meinung bringen. Ihre Taten können Signalwirkung haben.

- Lassen Sie ihn die persönliche Erfahrung machen, dass Ihr Vorschlag positiv ist. Zeigen Sie ihm etwas, das Vorbildcharakter hat.

Wenn der Adressat in der Eskalationsfalle sitzt

Viele halten an einmal gefällten Entscheidungen fest, auch deswegen, weil sie konsistent bleiben wollen (Wer A sagt, muss auch B sagen!). Dieses Verhalten wird auch dadurch verstärkt, dass es gemeinhin als Ausdruck von Tugend eingeschätzt wird: „Ein Mann, ein Wort!" Aber schon Aristoteles hat die Tugend als Mitte zwischen zwei Extremen definiert: „Verlässlichkeit sollte man von Starrsinn unterscheiden."

BEISPIELE
Sie haben einen Mitarbeiter eingestellt. Obwohl Sie erkannt haben, dass dies ein Fehler war, halten Sie an der Entscheidung fest.

Sie haben eine Investitionsentscheidung getroffen. Obwohl es Indizien dafür gibt, dass es besser wäre, die Entscheidung zu revidieren, halten Sie daran fest.

Sie lesen einen Roman zu Ende, obwohl er sie langweilt. Aber da Sie schon mal angefangen haben, möchten Sie nicht aufhören.

Oft rechtfertigen wir das Festhalten an einer Entscheidung mithilfe des Verschwendungsarguments: Da bereits so viel investiert wurde, wäre alles verloren, wenn jetzt eine andere Entscheidung getroffen würde. Dabei wird aber übersehen, dass die investierten Kosten bereits Vergangenheit und somit verloren sind. Was zählt, ist allein der zukünftige Nutzen und nur dieser sollte die Basis für die Argumentation und Entscheidung sein.

Der Mechanismus, welcher der Eskalationsfalle zu Grunde liegt, ist Selbstrechtfertigung. Ähnlich wie bei der Bestätigungsfalle wird negatives Feedback ausgeblendet; widerlegende Evidenzen werden nicht betrachtet. Man überredet sich selbst zum Weitermachen, da ein unmittelbarer Erfolg bevorstehen könnte.

Wenn sich in Überzeugungsgesprächen nichts bewegt, könnte dies also auch daran liegen, dass sich der Adressat an frühere Entscheidungen gebunden fühlt. Möglicherweise ist der Adressat sogar eine Verpflichtung gegenüber anderen Personen eingegangen, die ihn nun bindet. Würde er von dieser Position abweichen, könnte das einen massiven Gesichtsverlust für ihn bedeuten. Und das will er natürlich unbedingt vermeiden. Wie kommen Sie als Überzeuger hier weiter?

- Finden Sie im Vorfeld heraus, ob es Entscheidungen oder Positionen gibt, an die der Adressat gebunden ist.

- Überlegen Sie dann, wie ein drohender Gesichtsverlust für den Adressaten vermieden werden könnte, und formulieren Sie entsprechend Ihren Lösungsvorschlag. Bauen Sie ihm eine goldene Brücke.

- Unterbreiten Sie Angebote in Form von Tests. Sie zwingen den Adressaten zu nichts und können die Vereinbarung, die ihn in die Eskalationsfalle gebracht hat, vielleicht aufweichen.

- Vermeiden Sie alles, wodurch für den Verhandlungspartner und Adressaten der Eindruck entsteht, bereits zu viel investiert zu haben.

Wenn der Adressat immer in denselben Bahnen denkt

Wie eine Lösung aussieht, hängt immer auch davon ab, wie wir das Problem definiert haben. Manchmal bewegt sich der Adressat in eingefahrenen Denk- und Lösungsroutinen. Er hat sich stillschweigend bestimmte Grenzen und Einschränkungen auferlegt und ist in seinen Handlungen und Sichtweisen so stark eingeschränkt, dass neuartige Lösungen erst gar keine Chancen haben.

BEISPIEL
Ina möchte neuen Schwung in die Produktpolitik ihres Unternehmens Syntex bringen. Einer der Grundsätze des Unternehmens ist es, alle Bedürfnisse des Kunden zu erfüllen. Das hat in der Vergangenheit dazu geführt, dass eine immer größere und spezialisiertere Produktpalette entstanden ist. Und obwohl Syntex in den letzten Jahren immer weniger Gewinn mit dieser Produktpolitik macht, überlegt Ina nun, welche neuen Produkte aufgenommen

werden könnten, um den Umsatz zu steigern und dadurch den Gewinn zu erhöhen. Die entscheidende Frage, die Ina sich stellt, ist: Welche neuen Produkte können wir aufnehmen?

Die klügeren Fragen wären hier sicher: „Was können wir tun, um profitabler zu werden?" „Wie würde sich eine Straffung der Produktpalette auf unseren Gewinn auswirken?" „Was bedeutet unsere breite Produktpalette wirklich für den Kunden?" „Wie würden die Kunden auf eine Straffung der Produktpalette reagieren?" usw.

Was können Sie als Überzeuger tun, wenn der Adressat sich ständig auf denselben unveränderlichen gedanklichen Gleisen bewegt?

- Beschreiben Sie das Problem von einer allgemeineren Warte aus. Welches übergeordnete Ziel gibt es?

- Hüten Sie sich vor schnellen und wenigen Antworten. Denken Sie in verschiedene Richtungen und erstellen Sie eine Sammelliste mit unterschiedlichen Vorschlägen.

BEISPIEL

In einem Beratungsunternehmen soll ein Beurteilungssystem eingeführt werden. Berater Heinz, der das Projekt als Externer begleiten soll, möchte die Geschäftsleitung davon überzeugen, ein umfassendes und systematisches System zu entwickeln. Im ersten Treffen wird er aber bereits mit Ideen zu einem schriftlichen Fragebogen konfrontiert, also einem ganz konkreten Beurteilungsinstrument. Heinz macht darauf aufmerksam, dass man sich die falsche Frage stellt. Die wichtigste Frage sollte sein: Wie kann ein Feedbacksystem bei uns aussehen? Erst im zweiten Schritt könnte man sich überlegen: Welche Instrumente benutzen wir dazu? Er räumt dabei ein, dass die Ideen, die man für einen solchen Fragebogen bereits gesammelt hat, bestimmt von Nutzen sein werden (durch diese Bemerkung trägt er dem Besitzeffekt Rechnung). Aber er empfiehlt, sich zuerst der allgemeineren Frage zuzuwenden, bevor man in die Details geht. Heinz versucht also, die Problemstellung und Situation neu und umfassender zu beschreiben.

Wenn der Ankereffekt eintritt

Werden gleich zu Beginn eines Gesprächs Lösungen oder auch Zahlen genannt, führt das häufig dazu, dass sich die Beteiligten nicht mehr von diesen Informationen lösen können. Die weitere Diskussion kreist dann um diese Lösungen oder Zahlen; man kann sich bei zunehmender Dauer gedanklich nur schwer wieder davon befreien und den Blick auf andere Möglichkeiten richten.

BEISPIEL
Eine Quizsendung im Fernsehen. Bei der Beantwortung der Quizfrage ist aus einer Reihe von vorgegebenen Antworten die richtige Lösung auszuwählen. Diese Aufgabe kann der Kandidat an das im Studio anwesende Publikum delegieren. Die Zuschauer können durch Knopfdruck kundtun, zu welcher Antwort sie tendieren. Der Kandidat kann daraufhin die Antwort wählen, für die die meisten Stimmen abgegeben wurden. Wenn der Kandidat allerdings vor der Stimmabgabe öffentlich äußert, zu welcher Antwortmöglichkeit er tendiert, dann ist das Votum durch die Zuschauer wertlos. Warum? Weil sich viele Zuschauer der Vermutung des Kandidaten anschließen.

Der Kandidat hat durch seine Äußerung einen Informationsanker gesetzt. Dies nennen wir den Ankereffekt. Was unternehmen Sie, um diesem Effekt vorzubeugen?

- Bitten Sie darum, Lösungsvorschläge erst einmal zurückzustellen und sich in aller Ruhe dem Problem zu widmen.

- Jede Zahl, jede Lösung, jedes Angebot sollte bewusst auf Plausibilität hinterfragt werden.

- Regen Sie zu einem kreativen Austausch an, bei dem gemeinsam verschiedenste Ideen gesammelt werden.

- Betrachten Sie jede Situation von verschiedenen Perspektiven aus und ziehen Sie unterschiedliche Informationen heran.

Wie Sie mit Einwänden umgehen

In Überzeugungs- und Argumentationssituationen bleiben Einwände nicht aus. Ein gelassener Umgang mit Einwänden fällt den meisten von uns allerdings schwer. Oft reagieren wir zu hart und missverstehen einen simplen Einwand als persönlichen Angriff. Ist ja auch kein Wunder: Gerade habe ich trotz Lampenfieber eine wichtige Präsentation über die Bühne gebracht. „Uff, das ist ja ganz gut gelaufen", sage ich zu mir selbst. Und in diesem Moment steht Kollege Maier (ja, genau der, der alte Nörgler) auf und stellt eine Frage. Das kann ja wohl nur der Versuch sein, mich in Bedrängnis zu bringen, oder?

Intuitiv reagieren wir auf einen Einwand mit einem Gegenargument. Mit anderen Worten: Wir beziehen schnell (zu schnell) und markant (zu markant) die Gegenposition. Das birgt die Gefahr der Eskalation – denn der andere wird dann oft eine Herausforderung erkennen und kontern („Moment mal, also so leicht lasse ich mich hier nicht wegschicken ..."). Deshalb sollten Sie mit Einwänden so umgehen, dass ein Dialog erhalten bleibt, also ein Mit- und nicht ein Gegeneinander. Leicht gesagt – aber wie getan?

Eine sehr einfache und wirkungsvolle Methode, um mit Einwänden umzugehen, ist die Rückfrage. Durch kluge Fragen wird der Einwand Schritt für Schritt „entschärft". Dabei gelten zwei Grundregeln:

Setzen Sie bewusst positive Unterstellung ein

Positive Unterstellung heißt, dass Sie dem „Einwender" erst einmal grundsätzlich guten Willen und Kooperationsbereitschaft unterstellen. Das ist sinnvoll, da man gerade in schwierigen Verhandlungen dazu neigt, an sich harmlose Einwände als persönlichen Angriff aufzufassen und entsprechend zu reagieren – nämlich mit Verteidigung. Der entlastende „Trick" besteht darin, Einwände prinzipiell als Fragen aufzufassen und diese sachlich zu beantworten.

Bauen Sie dem anderen eine goldene Brücke

Sorgen Sie dafür, dass der „Einwender" auch bei sinnlosen, unsachlichen oder dummen Einwänden sein Gesicht wahren kann. Klopfen Sie den Einwand in aller Ruhe auf einen möglichen sachlichen Kern ab, reagieren Sie dann sachlich darauf bzw. überlassen Sie dem „Einwender" diese Aufgabe.

Wie setzen Sie diese Grundregeln um?

Das folgende Beispiel veranschaulicht die verschiedenen Phasen des eleganten Umgangs mit Einwänden:

BEISPIEL
Astrid bringt einen Einwand: „In der Theorie hört sich Ihr Vorschlag ja sehr gut an, aber in der Praxis schaut das doch alles anders aus!"

Ali interpretiert den Einwand als Frage: „Sie wollen nähere Informationen dazu, wie wir uns die Umsetzung in die Praxis gedacht haben – habe ich Sie da richtig verstanden?"

Astrid: „Ja, eigentlich schon."

Ali präzisiert den Einwand weiter: „Welche Aspekte bei der Umsetzung sind denn für Sie in diesem Zusammenhang die problematischsten?"

Astrid: „Tja, also, um genau zu sein, äh, also mir gefällt da der Zeitplan nicht. Das geht mir alles viel zu schnell und das ist unrealistisch."

Ali präzisiert den Einwand weiter: „Wo sehen Sie denn beim Zeitplan die größten Problempunkte?"

Astrid: „Vor allem bei der Testphase. Die ist viel zu knapp bemessen, da ist überhaupt kein Puffer vorhanden. Und …"

Ali fragt Astrid schließlich um Rat: „Wie viel Zeit würden Sie denn für die Testphase einplanen?"

Ali hat Astrids Einwand in eine präzise Frage „verwandelt", über die man in aller Ruhe diskutieren kann. Dabei hat er Konfrontation und Eskalation vermieden. Wie hat er das gemacht?

Phase 1: Einwand als Frage interpretieren.

Einwände bergen die Gefahr der Eskalation. Oft sind sie ja auch tatsächlich mit einer kleinen Spitze versehen („So, und jetzt schauen wir mal, wie er damit umgeht!"). Manchmal sind sie auch recht pauschal gehalten und führen leicht zu Missverständnissen oder ähnlich pauschalen Antworten, die dann Gefahr laufen, als unpassend bzw. „zu dünn" eingeschätzt zu werden. Versteht man Einwände aber konsequent und systematisch als Fragen, beugt man einer möglichen Eskalation wirkungsvoll vor. Fragen sind ja, wie schon gesehen, ein sehr kooperatives Element der Gesprächsführung.

BEISPIEL
Hans bringt einen Einwand: „Also, da soll uns doch nur wieder etwas von oben übergestülpt werden. Das geht nie, ohne die Betroffenen miteinzubeziehen!"

Karin interpretiert den Einwand als Frage: „Sie fragen sich, wie wir die Betroffenen in das Projekt mit einbeziehen, habe ich das richtig erfasst?"

Hans: „Ja, genau, mir kommt das so vor, als solle da wieder alles im stillen Kämmerlein ausgeheckt werden."

Phase 2: Die Einwand-Frage weiter präzisieren

In dieser Phase geht es darum, den sachlichen Kern der Frage (falls vorhanden) sauber und genau herauszuarbeiten. Es geht um die Präzisierung der Frage; was genau möchte der „Einwender" eigentlich wissen?

Wichtigstes Instrument dafür sind – natürlich – kluge Fragen. Verschiedene Fragestrategien wie den Präzisierungstrichter haben wir ja schon vorgestellt. In dieser Phase kann es zwei Ergebnisse geben: Erstens, es kristallisiert sich eine sachlich angemessene, sinnvolle Frage heraus. Dann und erst dann geht es mit Phase 3, der Beantwortung der Frage, weiter. Zur Veranschaulichung führen wir das Beispiel mit Hans und Karin fort:

BEISPIEL

Hans bringt einen Einwand: „Also, da soll uns doch nur wieder etwas von oben übergestülpt werden. Das geht nie, ohne die Betroffenen miteinzubeziehen!"

Karin interpretiert den Einwand als Frage: „Sie fragen sich, wie wir die Betroffenen in das Projekt mit einbeziehen, habe ich das richtig erfasst?"

Hans: „Ja, genau, mir kommt das so vor, als solle da wieder alles im stillen Kämmerlein ausgeheckt werden."

Karin: „Wen haben wir denn aus Ihrer Sicht vergessen?"

Hans: „Also, vor allem die Meister müssen doch wissen, was passieren wird."

Karin: „Hm, wer noch?"

Hans: „Tja, also, wie wird denn der Vertrieb informiert?"

Karin: „Gut, es geht also um die Frage, wie wir die Meister und die Kollegen aus dem Vertrieb informieren und mit einbeziehen. Ist das so richtig?"

Interessanterweise, und das ist der zweite Fall, verflüchtigt sich der Einwand im Zuge einer Präzisierung bisweilen. Er wird dann als Scheineinwand „entlarvt", hinter dem kein sachlicher Kern zu finden ist. Dann gilt: dem Einwender eine goldene Rückzugsbrücke bauen – es soll ja niemand sein Gesicht verlieren. Auch dazu ein Beispiel:

Fritz bringt einen Einwand: „Also, das haben wir doch alles schon versucht. Alles schon da gewesen. Es hat bisher nie funktioniert und jetzt sagen Sie uns, dass wir damit auf einmal den Stein der Weisen haben!" (Fritz bringt damit eigentlich nur seine grundsätzliche Skepsis gegenüber Veränderungen und der jungen Kollegin zum Ausdruck – einen richtig sachlichen Kern hat seine Ablehnung nicht. So etwas soll vorkommen).

Evi: „Das höre ich natürlich nicht so gerne. Sie fragen sich, ob wir gerade vor dem Hintergrund der früheren Fehlschläge, überhaupt eine Erfolgschance haben?"

Fritz: (leicht ironisch): „Tja, genau, das sieht doch jeder, dass es nicht klappen wird."

Evi: „Hm, halten Sie Veränderungen bei uns prinzipiell für aussichtslos oder sehen Sie speziell bei meinem Vorschlag ein Problem?"

Fritz: (leicht verunsichert): „Ja, also, Ihr Vorschlag scheint mir ziemlich unrealistisch zu sein; so was haben wir ja schon versucht."

Evi: „Wie genau lief denn das damals ab? Vielleicht können wir aus dem Fehlschlag von damals für heute lernen."

Fritz: (der „damals" auch nicht dabei war): „Tja, also das ist eine lange Geschichte, aber es hat jedenfalls nicht funktioniert!"

Evi: (merkt was los ist und baut eine goldene Brücke): „Ich sehe gerade, dass wir gar nicht mehr viel Zeit haben und noch andere Fragen anstehen. Vorschlag: Was halten Sie davon, wenn ich in den nächsten Tagen einmal bei Ihnen vorbeischaue und wir in aller Ruhe darüber reden? Das wäre für mich sehr wichtig; ich möchte ja nicht die Fehler aus der Vergangenheit wiederholen. Einverstanden?

Manchmal lohnt es sich, sicherzustellen, dass man den zentralen bzw. den wichtigsten Einwand erkannt hat. Manche „Einwender" spielen ja gerne das Ermüdungsspiel: „Und wenn du diesen Einwand beantwortet hast, dann komme ich gleich mit dem nächsten. Und wenn dir darauf auch wieder etwas einfällt, habe ich da noch ..."

Davor kann man sich leicht schützen. Fragen Sie einfach nach Präzisierung der Einwand-Frage, also noch vor der Antwortphase, ob dies die einzige oder wichtigste Frage ist. Wenn Ja, dann fällt es dem Einwender schwer, „nachzukarten". Wenn Nein, tja, dann fragen Sie einfach nach dem wichtigsten bzw. den weiteren Einwänden und präzisieren diese. In jedem Fall schützen Sie sich so vor Überraschungseinwänden.

Phase 3: Die Einwand-Frage abschließen

Mit Abschluss der Präzisierungsphase liegt als Ergebnis Ihrer Bemühungen eine klare Frage vor. Es gibt jetzt verschiedene Möglichkeiten, mit dieser Frage umzugehen:

1. Direkt beantworten
Wenn Sie die Anwort kennen und die Zeit reicht, spricht nichts dagegen, eine klare, deutliche und vollständige Antwort zu geben.

2. Offen lassen und zurückstellen
Manchmal hat man trotz brillianter und umfassender Vorbereitung keine Antwort. Dann ist es am besten, ehrlich zu sein, die Lücke zuzugeben und den Einwand nachträglich zu beantworten.

BEISPIEL
Karl: „Tja, Herr Müller, Ich verstehe jetzt, worauf Sie hinauswollen. Da haben Sie tatsächlich eine wichtige Frage gestellt. Ganz ehrlich: Ich bin da im Moment überfragt. Ich werde Ihre Frage gleich nach unserer Besprechung an das Projektteam weitergeben. Bis morgen Mittag werden Sie dann die Daten haben. Sind Sie damit einverstanden?

3. Den „Einwender" um einen Vorschlag, eine Lösungsidee oder um Rat
   fragen

Oft hat der „Einwender" schon genau über das Thema (vielleicht ist es
ja „sein" (Lieblings-)Thema) nachgedacht und wird sich freuen, einen
Beitrag leisten zu können bzw. um Rat gefragt zu werden. Eine Alternative dazu: alle Anwesenden in die Suche nach einer Antwort mit
einbeziehen.

BEISPIEL

*Karl: „Tja, Herr Müller, ich verstehe jetzt, worauf Sie hinauswollen. Da
haben Sie tatsächlich eine wichtige Frage gestellt. Ganz ehrlich: Ich bin da
im Moment überfragt. Haben Sie da schon eine Idee, wie wir das hinkriegen
könnten?*

Literaturverzeichnis

Aelrod, Robert, *Die Evolution der Kooperation,* Oldenburg, 1995

Bazerman, Max, *Judgment in Managerial Decision Making,* New York, 1998

Blackburn, Simon, *Spreading The Word,* Oxford, 1984

Cialdini, Robert B., *Die Psychologie des Überzeugens,* Bern, 1997

Cohen, Martin, *101 Philosophy Problems,* London, 1999

Conger, Jay, *Winning 'em Over,* New York, 1998

Damasio, Antonio R., *Descartes' Irrtum,* München, 1997

Dennett, Daniel C., *Darwins Dangerous Idea,* London, 1995

Edmüller, Andreas/Wilhelm, Thomas, *Argumentieren,* Planegg, 1998

Edmüller, Andreas/Wilhelm, Thomas, *Manipulationstechniken – Erkennen und Abwehren,* Planegg, 2002

Fisher, Roger/Ury, William, *Getting to Yes,* London, 1997

Goleman, Daniel/Boyatzis, Richard/Mckee, Annie, *The New Leaders,* London, 2002

Hodgson, Jane, *Thinking On Your Feet In Negotiations,* London, 1994

Kaagan, Stephen S., *Leadership Games,* London/New Delhi, 1999

Singer, Peter, *Wie sollen wir leben?,* München, 2002

Sen, Amartya, *Ökonomie für den Menschen,* München, 1999

Senge, Peter, *Die fünfte Disziplin,* Stuttgart, 2001

Shell, Richard, *Bargaining for Advantage,* New York, 1999

Sousa de, Ronald, *Die Rationalität der Gefühle,* Frankfurt, 1997

Weiszenbaum, Joseph, *Computer Power and Human Reason,* San Francisco, 1976

Weizsäcker, C. Christian von, *Die Logik der Globalisierung,* Göttingen, 2000